BEITRÄGE 115

PAUL-HELMUTH BURBERG / GÜNTER WIENEKE

Infrastrukturversorgung bei rückläufiger Bevölkerungsdichte unter besonderer Berücksichtigung der Mobilität von Bevölkerung und Infrastruktureinrichtungen

Eine Auswertung der relevanten Literatur

AKADEMIE FÜR RAUMFORSCHUNG UND LANDESPLANUNG

CIP-Titelaufnahme der Deutschen Bibiothek

Burberg, Paul-Helmuth:
Infrastrukturversorgung bei rückläufiger Bevölkerungsdichte unter besonderer Berücksichtigung der Mobilität von Bevölkerung und Infrastruktureinrichtungen:
Eine Auswertung der relevanten Literatur /
Paul-Helmuth Burberg; Günter Wieneke.
Akad. für Raumforschung u. Landesplanung.-
Hannover: ARL, 1989
(Beiträge / Akademie für Raumforschung und Landesplanung; 115)
ISBN 3-88838-208-4
NE: Wieneke, Günter; Akademie für Raumforschung und Landesplanung (Hannover): Beiträge

Verfasser

Dr. Paul-Helmuth Burberg
Dipl.-Geogr. Günter Wieneke

Institut für Siedlungs- und Wohnungswesen
der Westfälischen Wilhelms-Universität Münster

Best.-Nr. 208
ISBN 3-88838-208-4
ISSN 0935-0772

Akademie für Raumforschung und Landesplanung
Druck: poppdruck, 3012 Langenhagen
Auslieferung
über den Buchhandel durch den VSB-Verlagsservice Braunschweig

Vorwort

Weite Bereiche der traditionellen Infrastruktur werden bei der Bedarfsermittlung unmittelbar an der Bevölkerungszahl orientiert. So ist es angezeigt, aus den Veränderungen von Bevölkerungszahl und -struktur Rückschlüsse zu ziehen im Hinblick auf Bedarf, Ausbau, Erhalt oder auch einen planmäßigen Rückbau. Gleichwohl sind dabei im einzelnen Unsicherheiten vorhanden, denn es gibt hierfür oft noch keine allgemeingültigen Regeln. Vielmehr wird bei entsprechendem Handlungsbedarf in der planerischen Praxis vorwiegend pragmatisch vorgegangen. Das bedingt eine breite Fülle von Ansätzen, die sich in der Literatur widerspiegelt.

Die vorliegende Studie arbeitet diese Vielfalt auf. Dabei werden zunächst wichtige Aspekte der Wirkungszusammenhänge zwischen Infrastrukturversorgung und Bevölkerungsentwicklung dargestellt. Sie betreffen neben einer Aufbereitung des gegenwärtigen Wissensstandes auch eine theoretisch-methodische Analyse und die exemplarische Prüfung von deren Aussagen an zwei Untersuchungen. Im Anschluß daran werden unterschiedliche Politikansätze des Bereiches Infrastruktur in ihrem Spannungsverhältnis zueinander beschrieben, wobei auch Bezüge hergestellt werden zu Tendenzen in der raumordnungspolitischen Grundsatzdiskussion um räumliche Entwicklungsziele und angepaßte Maßnahmenprogramme. In bezug auf unterschiedliche Infrastrukturpolitiken werden nicht nur die verschiedenen konzeptionellen Ansätze vorgestellt, sondern auch strategisch-instrumentelle Umsetzungsmöglichkeiten mit angesprochen. Ein besonderes Schwergewicht legen die Autoren auf ausgleichsorientierte Konzepte. Im Schlußkapitel werden wichtige Arbeitsfelder problematisiert, die Gegenstand künftiger Forschungen sein sollten.

Die Studie vermittelt einen Überblick zu einem bestimmten zeitlichen Schnittpunkt. Sie wurde 1987 beendet und gibt eine abschließende Literaturübersicht bis 1985.

Akademie für Raumforschung
und Landesplanung

Inhaltsverzeichnis

Seite

Seite

Verzeichnis der Abbildungen

Verzeichnis der Tabellen

Verzeichnis der Abkürzungen

ARL	Akademie für Raumforschung und Landesplanung, Hannover
BfLR	Bundesforschungsanstalt für Landeskunde und Raumordnung
BMBau	Bundesminister für Raumordnung, Bauwesen und Städtebau
BMELF	Bundesminister für Ernährung, Landwirtschaft und Forsten
BMV	Bundesminister für Verkehr
BMWI	Bundesminister für Wirtschaft
DVAG	Deutscher Verband für Angewandte Geographie
F.u.S.	Forschungs- und Sitzungsberichte der ARL
IKO	Innere Kolonisation
ILS-NW	Institut für Landes- und Stadtentwicklungsforschung Nordrhein-Westfalen

I.z.R.	Informationen zur Raumentwicklung
LT-Drucksache	Landtagsdrucksache
MBL.NW.	Ministerialblatt Nordrhein-Westfalen
N.Arch.f..Nds.	Neues Archiv für Niedersachsen

1 Problemstellung und Zielsetzung

1.1 Problemstellung

Zu den von Raumordnung, Landesplanung und Stadtentwicklung gemeinhin problematisierten "veränderten Rahmenbedingungen" räumlicher Entwicklungsplanung zählt neben dem abflachenden bzw. stagnierenden Wirtschaftswachstum, dem wirtschaftlichen Strukturwandel, den sich einengenden Finanzierungsspielräumen sowie der anwachsenden Ökologieproblematik auch und nicht zuletzt die demographische Entwicklung[1]. Denn nach einer Zeit stets positiver Wachstumsraten wird die Bundesrepublik Deutschland seit Mitte der siebziger Jahre in ihren alljährlichen Bevölkerungsbilanzen mit negativen Vorzeichen konfrontiert. Sie verzeichnet seitdem in zunehmendem Maße Umschichtungsprozesse im Altersaufbau ihrer Bevölkerung.

Verantwortlich für diese demographischen Veränderungen zeichnet in erster Linie die Geburtenentwicklung. Seit 1965 rückläufig, wurde sie zur bestimmenden Entwicklungskomponente, nachdem Anfang des letzten Jahrzehnts die Geburten das zahlenmäßige Niveau der Sterbefälle unterschritten, und infolge des 1973 erlassenen Anwerbeverbots ausländischer Arbeitnehmer die eingedämmte Zuwanderungswelle keine Ausgleichsfunktion mehr ausüben konnte.

Damit begann die Zeit einer Entwicklung, deren Verlauf sich nicht nur bis zur Gegenwart erstrecken sollte, sondern auch, glaubt man den Prognosen und Modellrechnungen, in absehbarer Zukunft seine

---

[1] Vgl. etwa: Raumordnungsbericht 1982. Schriftenreihe des BMBau, H. 06.050, Bonn 1983, S. 110 ff; Landesentwicklungsbericht Nordrhein-Westfalen 1982. Schriftenreihe des Ministerpräsidenten des Landes Nordrhein-Westfalen, H. 45, Düsseldorf 1983, S. 25 ff; *R. Göb*, Stadtentwicklung in den 80er Jahren. In: structur 1982, 11. Jg. S. 11 - 18.

Richtung beibehalten wird[2].

Da sich städtische wie ländliche Räume der demographischen Trendwende gleichermaßen gegenübersahen, erfolgte die Auseinandersetzung mit dem infrastrukturspezifischen Konfliktpotential aus den Blickwinkeln beider Gebietskategorien, allerdings mit unterschiedlicher Intensität[3].

In den bisherigen Ansätzen zur Problemerfassung und -bewältigung überwiegen eindeutig die Aspekte ländlicher Gebiete, insbesondere der peripher gelegenen Regionen.

Dies wird verständlich, vergegenwärtigt man sich die zum Zeitpunkt des einsetzenden demographischen Struktur- und Prozeßwandels existierenden, regional differenzierten Strukturgegebenheiten und die daraus abgeleiteten Hypothesen zukünftiger Entwicklungstendenzen. So prägten zu Beginn des letzten Jahrzehnts noch immer erhebliche großräumige Disparitäten das Bundesgebiet, nicht nur in infrastruktureller, auch in sozialer und ökonomischer Hinsicht. Stark verdichteten Ballungsgebieten, hoch industrialisiert und mit einem hohen Standard an technischer und sozialer Infrastruktur ausgestattet, standen strukturschwache, ökonomisch benachteiligte

---

[2] Vgl. *K. Eckerle u.a.*, Projektionen der Bevölkerungs- und Arbeitsmarktentwicklung in den Raumregionen 1978 - 1995. Textband. Prognos AG, Basel 1983; vgl. zum zukünftigen Ausmaß der Altersstruktureffekte etwa: *H. Birg (Hrsg.)*, Demographische Entwicklung und gesellschaftliche Planung. Forschungsberichte des Instituts für Bevölkerungsforschung und Sozialpolitik, Universität Bielefeld, Bd. 6, Frankfurt 1983.

[3] Zur Diskussion städtischer Infrastrukturprobleme siehe etwa: *E. Spiegel*, Verdichten oder Verdünnen: Infrastrukturplanung bei Bevölkerungsrückgang. In: transfer, Stadtforschung und Stadtplanung 3, Opladen 1977, S. 39 - 49; *J. Baldermann u.a.*, Infrastrukturausstattung und Siedlungsentwicklung. Schriftenreihe 9 des Städtebaulichen Instituts der Universität Stuttgart. Stuttgart 1978; *E. Dheus*, Veränderungen der demographischen Komponenten und ihre Auswirkungen auf die Städte. In: E. Elsner (Hrsg.), Demographische Planungsinformationen. Theorie und Praxis, Berlin 1979, S. 41 - 51, *G. Markus*, Auswirkungen der Bevölkerungsentwicklung auf die Infrastruktur in Ballungsgebieten - am Beispiel Bremen. In: ARL, Regionale Aspekte der Bevölkerungsentwicklung ..., a.a.O., S. 253 - 272.

und durch gravierende Versorgungsdefizite im Infrastrukturbereich gekennzeichnete Regionen ländlicher Prägung gegenüber. Erhebliche Abwanderungen aus diesen benachteiligten Regionen prägten folglich das interregionale Mobilitätsgeschehen[4].

Wenngleich schon das Disparitätenproblem die Notwendigkeit für Raumordnung und Landesplanung erforderte, sich nach längerer Zeit geringer Beachtung wieder verstärkt den ländlichen Regionen zuzuwenden, so wurde dies durch die regionsspezifische Brisanz des plötzlich einsetzenden demographischen Entwicklungsumbruchs um so dringlicher. Während die Bevölkerungsabnahme in den verdichteten Gebieten mit einer ausreichenden Infrastrukturausstattung "lediglich" die Gefahren der überkapazitäten hervorriefen, verschlechterte sie in den strukturschwachen ländlichen Räumen überdies die erforderlichen Voraussetzungen zum Abbau der strukturellen Defizite, indem sich dort das unter Tragfähigkeitsaspekten häufig schon unzureichende "humane Entwicklungspotential" weiter reduzierte[5].

Die Folgewirkungen dieses Prozesses wurden von einigen Prognostikern entsprechend düster ausgemalt. "Kumulative Schrumpfungsprozesse" und die "Verödung ganzer Gebiete" als Resultat sich verstärkender Abwanderungen avancierten zu den gängigen Schlag-

[4] Vgl. von vielen: Entwicklung ländlicher Räume. Schriftenreihe des Instituts für Kommunalwissenschaften, Bd. 2, Konrad-Adenauer-Stiftung, Bonn 1974.

[5] Vgl. dazu: *W. Selke*, Geburtenrückgang und raumordnungspolitische Konsequenzen für den ländlichen Raum. In: Zeitschrift für Bevölkerungswissenschaft H. 1/1980, S. 25 ff.

worten zukunftsorientierter Vorstellungen für ländliche Gebiete[6].

Einiges von dem, was die Sensibilisierung für die ländliche Strukturproblematik begründete, stellt sich heute in modifizierter Ausprägung dar: teils entproblematisiert als Resultat erfolgreicher therapeutischer Maßnahmen, teil weniger dramatisch als vorausgesagt aufgrund zeitlicher Relativierungen ehemals überzogener, mehr auf Spekulationen als auf fundierten Annahmen basierender Zukunftsprojektionen.

So zeigen Bestandsanalysen, daß in infrastruktureller Hinsicht zumindest in Teilbereichen das Versorgungsniveau ländlicher Problemregionen den normativ vorgegebenen Mindeststandards angepaßt werden konnte, insbesondere im Hinblick auf die Ausstattung mit Einrichtungen des Vorschul- und Schulbereichs sowie des Gesundheitswesens[7].

Zudem erreichten die interregionalen Mobilitätsprozesse in den vergangenen Jahren nicht die häufig prognostizierte Dimension und werden es nach jüngsten Prognosen auch nicht in den kommenden Jahren. Stattdessen ist eher von einer Abschwächung des Wanderungsgefälles zwischen ländlichen und verdichteten Regionen auszugehen; allerdings weniger infolge erheblicher struktureller Verbesserungen in den benachteiligten Gebieten als vielmehr infolge verschlechterter Arbeitsmarktbedingungen in den klassischen

[6] Vgl. etwa: *P. Jost*, Quantitative Auswirkungen des Geburtenrückgangs für den ländlichen Raum. In: Geburtenrückgang - Konsequenzen für den ländlichen Raum. Schriftenreihe für ländliche Sozialfragen H. 73, Hannover 1975; *K. H. Hübler*, Chancen und Gefahren für die Entwicklung des ländlichen Raums. In: der landkreis, H. 6/1976, S. 216 ff. Derartigen Prognosen standen allerdings auch andere, weniger dramatische Vorstellungen zur zukünftigen Entwicklung gegenüber; vgl. dazu z. B.: *G. Stiens*, Alternative Beurteilung der großräumigen Bevölkerungsentwicklung. In: Deutsche Akademie für Städtebau und Landesplanung (Hrsg.): Bevölkerungsabnahme und räumliche Auswirkungen, Berlin 1979, S. 100 - 124.

[7] Vgl. *BfLR u. Deutscher Landkreistag (Hrsg.)*, Ziele und Wege zur Entwicklung dünn besiedelter ländlicher Regionen. Symposien-Arbeitspapiere, H. 10, Bonn 1983; Raumordnungsbericht 1982, a.a.O., S. 110 ff.

Zielregionen[8].

Beide Aspekte, die partiellen infrastrukturellen Verbesserungen sowie das - bislang - unterbliebene "Leerlaufen" der strukturschwachen ländlichen Räume, entlassen jedoch Raumordnung und Raumforschung keineswegs aus der Pflicht, sich weiterhin dem Problemkreis um Infrastruktur und veränderten demographischen Rahmenbedingungen zu widmen und dabei den Blick schwerpunktmäßig auf die Gebietskategorie des ländlichen Raumes zu richten. Denn trotz partieller Verbesserungen liegen in zahlreichen ländlichen Regionen die infrastrukturellen Ist-Werte für einige Versorgungsbereiche noch immer unterhalb der gültigen Zielvorstellungen. Dies betrifft etwa diverse Versorgungsleistungen im Sozialwesen, die personelle Ausstattung im Gesundheitsbereich, die verkehrliche Infrastruktur oder auch den Sektor des Einzelhandels[9]. Auch bleibt selbst bei verminderten Wanderungsverlusten die Tragfähigkeitsproblematik allein aufgrund der durch die Geburtenentwicklung indizierten Verluste und Altersstruktureffekte weiter aktuell.

---

[8] Vgl. z.B. *R. Koch*, Die langfristige regionale Bevölkerungsentwicklung in der Bundesrepublik Deutschland. In: ARL, Regionale Aspekte, a.a.O., S. 99 - 124; *K. Eckerle u.a.*, Projektionen der Bevölkerungs- und Arbeitsmarktentwicklung in den Raumordnungsregionen 1975 - 1995, a.a.O., S. 159 ff.

[9] Von den zahlreichen Einzelfallstudien können hier nur einige genannt werden: *R. Thoss u. W. Michels*, Räumliche Unterschiede der Lebensbedingungen in Nordrhein-Westfalen anhand von Indikatoren des Beirats für Raumordnung. In: ARL, Funktionsräumliche Arbeitsteilung und Ausgeglichene Funktionsräume in Nordrhein-Westfalen. F.u.S., Bd. 163, Hannover 1985, S. 73 - 98; *E. Petzner*, Versorgungsstruktur und -probleme im peripheren Raum - Das Beispiel Oberfranken. In: ARL, Der ländliche Raum in Bayern. Fallstudien zur Entwicklung unter veränderten Rahmenbedingungen. F.u.S., Bd. 156, Hannover 1984, S. 1 - 16; *BfLR u. Deutscher Landkreistag (Hrsg.)*, Ziele und Wege zur Entwicklung dünn besiedelter ländlicher Regionen, a.a.O., S. 3 - 32, 11-1; *G. Bahrenberg u.a.*, Infrastrukturversorgung und Verkehrsangebot im ländlichen Raum. Unveröffentlichter Zwischenbericht für die DFG, Bremen 1983; *G. Kluczka u.a.*, Nutzung und Perspektiven privater und öffentlicher Infrastruktur in peripheren ländlichen Räumen, ARL: Beiträge, Bd. 50, Hannover 1981; *W. Schramm u.a.*, Infrastrukturversorgung im ländlichen Raum; ARL: Beiträge, Bd. 53, Hannover 1981, *ARL*, Strukturgefährdete ländliche Räume. F.u.S., Bd. 128, Hannover 1979.

Darüber hinaus leiden gerade die ländlichen, strukturell benachteiligten Regionen unter den Folgen zusätzlicher Rahmenbedingungen und Entwicklungstrends. So zwingt die Einengung der kommunalen Finanzhaushalte zahlreiche Gemeinden zu erheblichen Einsparungen bei infrastrukturellen Investitions- und Betriebskosten, sind viele von ihnen Leidtragende eines raumordnungspolitischen und landesplanerischen Zentralisierungsbestrebens, das für zahlreiche öffentliche wie private Infrastruktureinrichtungen den "Rückzug aus der Fläche" bedeutete. Die räumliche Konzentration von Versorgungseinrichtungen an einigen zentralen Orten als Reflex auf ein (zu) geringes Nachfragepotential ermöglichte einerseits die Errichtung bzw. Bestandserhaltung eines - größtenteils stark spezialisierten - Angebotes, wie es die landesplanerischen Ausstattungskataloge für die verschiedenen Versorgungsbereiche fordern. Andererseits ging dies nur auf Kosten einer zum Teil drastischen Verschlechterung der Erreichbarkeitsverhältnisse in den dezentral gelegenen Raumeinheiten, von denen schwerpunktmäßig die distanzempfindlichen Personengruppen ohne PKW-Verfügbarkeit betroffen sind[10]. Ein derartiges Resultat einer Infrastrukturpolitik, die u.a. aus dem Bemühen erfolgte, Versorgungsdisparitäten abzubauen, dürfte aber unter zielpolitischen Aspekten nicht befriedigen, postuliert doch das raumordnerische Leitbild der Herstellung gleichwertiger Lebensverhältnisse in allen Teilräumen des Bundesgebietes in seiner inhaltlichen Konkretisierung auch ein qualitativ und quantitativ angemessenes Angebot an öffentlichen Infrastruktureinrichtungen in zumutbarer Entfernung[11]. Wenn dieses Ziel auch in Zukunft die oberste Richtschnur für Raumordnung und

---

[10] Vgl. *G. Stiens*, Neue Ansatzpunkte für eine ausgleichsorientierte Infrastrukturpolitik. In: ARL, Gleichwertige Lebensverhältnisse durch eine Raumordnungspolitik des mittleren Weges - Indikatoren, Potentiale, Instrumente. F.u.S., Bd. 140, Hannover 1983; *P.-H. Burberg*, Erreichbarkeitsverhältnisse in ländlichen Räumen - Befund und Verbesserungsmöglichkeiten. In: Ländlicher Raum, Landwirtschaft und kirchliche Dienste auf dem Lande. Evangelischer Informationsdienst für Jugend und Erwachsenenbildung auf dem Lande, Beiheft 2, Altenkirchen 1981, S. 43 ff.

[11] Vgl. Bundesraumordnungsprogramm. Schriftenreihe 06 des BMBau, H. 06.002, Bonn 1975, S. 1.

Landesplanung darstellen soll - und davon ist laut politischen Verlautbarungen auszugehen - bedarf es folglich angesichts der geschilderten Problemkonstellationen einer weiterführenden Thematisierung der durch die Bevölkerungsentwicklung verstärkten, teilweise sogar ausgelösten Infrastrukturproblematik.

1.2 Zielsetzung und Vorgehensweise

Die demographischen Entwicklungsprozesse der vergangenen Jahre und die derzeit allgemein unterstellten Hypothesen über deren zukünftige Verlaufslinien werfen für den fachplanerischen Bereich der Infrastruktur insbesondere zwei Fragen auf:

(1) Welche Wirkungszusammenhänge in qualitativer wie quantitativer Hinsicht bestehen zwischen der Infrastrukturversorgung einerseits und der Bevölkerungsentwicklung andererseits?

(2) Welche Konsequenzen resultieren aus dem mit den Bevölkerungsveränderungen verbundenen Konfliktpotential für die konzeptionelle Gestaltung der Infrastrukturpolitik?

Beschäftigen sich Fachwissenschaften und Planung seit Beginn der Problemperzeption mit diesen beiden Fragen, so ist anzunehmen, daß inzwischen ein weit fortgeschrittener Wissensstand über Art und Ausmaß der Wirkungsverflechtungen sowie über eine problemgerechte Ziel- und Strategiekonzeption für den infrastrukturbezogenen Politikbereich besteht.

Diese Annahme zu überprüfen, beabsichtigt die vorliegende Untersuchung. Sie versucht, gleich einer Art Zwischenbilanz, den gegenwärtigen Forschungs- und Diskussionsstand in den relevanten Fragebereichen aufzuzeigen, um daraus potentielle Aufgaben- und Problemfelder für weitere Untersuchungen abzuleiten.

Mit dieser Zielsetzung verbindet sich jedoch weder die Aufgabe, in aller Ausführlichkeit die Fülle wirkungsanalytischer Untersuchungsresultate und Stellungnahmen zu referieren und zu bewerten, noch der Versuch einer detaillierten Darstellung und Qualifizierung sämtlicher Vorschläge, die in die Diskussion um eine an die veränderten Rahmendaten angepaßte Infrastrukturpolitik eingeflossen sind.

Stattdessen konzentriert sich die Studie hinsichtlich der erstgenannten Frage zur Aufdeckung etwaiger Mängel und Defizite bisheriger Forschungsaktivitäten auf die theoretisch-methodischen Konzeptionalisierungen der Wirkungsanalyse. So soll vor allem überprüft werden, welche Infrastruktureinrichtungen, welche räumlichen Bezugssysteme und welche zeitlichen Betrachtungshorizonte den zahlreichen Untersuchungen zugrunde liegen. Bezüglich der zweiten Frage wird als vorrangige Aufgabe eine deskriptive Zusammenstellung der verschiedenen Ansätze einer problem- und zeitgemäßen Infrastrukturpolitik verstanden, verbunden mit der Analyse der bestehenden Prioritätensetzungen in Politik, Planung und Wissenschaft.

Die Diskussionsanalyse gliedert sich dabei in einen zielkonzeptionellen und einen strategisch-instrumentellen Teil. Vor dem Hintergrund der - in dieser Studie nur skizzenhaft aufzuzeigenden - Auseinandersetzung um die sektoral übergreifenden Ziel- und Strategiekonzepte zur räumlichen Entwicklung, bemüht sich die Untersuchung in einem ersten Schritt, deren unterschiedliche Konkretisierungen auf der fachplanerischen Zielebene der Infrastruktur zu umreißen.

Wird anschließend nach den strategisch-instrumentellen Umsetzungsmöglichkeiten gefragt, so soll die Beantwortung lediglich auf jene konzeptionelle Richtung beschränkt werden, die auf eine konsequente Umsetzung des grundlegenden raumordnungspolitischen Ausgleichziels abstellt. In diesem Zusammenhang sind insbesondere zwei Maßnahmenkomplexe ausführlicher auf ihren aktuellen Forschungs- und Anwendungsstand zu überprüfen: der eine Komplex betrifft die Mobilisierung der Infrastruktur, der andere die Mobilisierung der Bevölkerung.

Methodisch verfolgt die Studie den Weg der Inhaltsanalyse. Auswertungsgrundlage dafür bilden all jene verfügbaren Studien, Untersuchungen, Berichte und sonstigen Veröffentlichungen, die die hier interessierenden Fragenbereiche in irgendeiner Form thematisieren.

Grundsätzlich wird bei der Bearbeitung der verschiedenen Fragestellungen jene Objektbereichsabgrenzung beibehalten, die in der Diskussion um den Problemkreis Infrastruktur und Bevölkerungsentwicklung dominiert. Daß heißt, sie konzentriert sich auf den Bereich der haushaltsnahen (sozialen) Infrastruktur. Unter diesem Begriff lassen sich solche materiellen, personellen und institutionellen Infrastrukturkomponenten subsumieren, die zur Daseinsvorsorge der Bevölkerung dienen. Konkret zählen dazu zum einen die privaten und öffentlichen Einrichtungen des Gesundheits-, Sozial-, Kultur- und Bildungswesens, des Spiel-, Sport- und Freizeitbereichs, der allgemeinen Verwaltung, des Einzelhandels sowie die Post, zum anderen die linienhafte (Verkehrs-)Infrastruktur. Unberücksichtigt bleibt dagegen die wirtschaftsnahe - soweit sie sich nicht mit den bevölkerungsbezogenen Einrichtungen überschneidet - wie auch die technische Infrastruktur mit ihren Einrichtungen der Energieversorgung und Entsorgung[12].

1.3 Aufbau der Studie

Die Studie gliedert sich in vier Kapitel. Nach der einleitenden Skizzierung der Problemstellung und den daraus abgeleiteten Zielsetzungen der Untersuchung behandelt das zweite Kapitel zunächst den Aspekt der Wirkungszusammenhänge zwischen Infrastrukturversorgung und Bevölkerungsentwicklung. Im Anschluß an eine

---

[12] Zum Begrifflichen vgl. *G. Kluczka u.a.*, Nutzung und Perspektiven ..., a.a.O., S. 8 - 15.

kurze Übersicht über den gegenwärtigen Erkenntnisstand erfolgt die theoretisch-methodische Analyse der bislang durchgeführten und verfügbaren Wirkungsstudien, deren inhaltliche Aussagen nachfolgend an zwei Beispielen dargestellt werden. Das Kapitel endet mit einigen Anmerkungen zur Frage nach der Notwendigkeit einer fortzusetzenden Beschäftigung mit wirkungsanalytischen Fragestellungen.

Das dritte Kapitel widmet sich der Auseinandersetzung mit der zielkonzeptionellen und handlungsbezogenen Ausgestaltung einer problemadäquaten Infrastrukturpolitik. Zunächst werden die gegenwärtigen Tendenzen in der raumordnungspolitischen Grundsatzdiskussion um räumliche Entwicklungsziele und effektive Maßnahmenkonzepte aufgezeigt. Daran schließt sich, bezogen auf die Ebene der Infrastrukturpolitik, eine Darstellung der verschiedenen konzeptionellen Denkrichtungen an. Es folgt eine Auseinandersetzung mit den Fragen strategisch-instrumenteller Umsetzungsmöglichkeiten, wobei sich die Betrachtung auf Handlungskonzepte mit ausgleichsorientierter Zielsetzung konzentriert.

Im vierten Kapitel werden abschließend resümierend verschiedene Problem- und Aufgabenfelder umrissen, die Untersuchungsobjekte weiterer Forschungsbemühungen darstellen sollten.

Kapitel 5 faßt die Ergebnisse der Studie zusammen.

2. Zum Stand wirkungsanalytischer Untersuchungen

2.1. Diskussionsübersicht

Die Auseinandersetzung um die grundlegende Frage nach den Auswirkungen des demographischen Struktur- und Prozeßwandels auf die infrastrukturelle Versorgung läßt in ihrer Problemsicht und Vorgehensweise eine im Zeitablauf zusehends gestiegene Differenziertheit, Detailliertheit und Intensität erkennen.

Zahlreichen Einschätzungen zu den potentiellen Folgewirkungen fehlte zu Diskussionsbeginn die erforderliche sachliche und räumliche Differenzierung; die Analyse der Wirkungszusammenhänge erfolgte häufig nur aus dem Blickwinkel des Bevölkerungsrückganges und somit verkürzt, da weitere wesentliche Einflußfaktoren der Infrastrukturentwicklung vernachlässigt wurden. Die Aussagen blieben deshalb zumeist spekulativ, zur Ableitung planerischer Konsequenzen zu vage[13].

Der Erkenntnis- und Informationsstand hat sich in der jüngeren Zeit jedoch aufgrund konkreter Einzelfallstudien und detaillierter Untersuchungsansätze verbessert. Mit ihnen wurde versucht, für einzelne Infrastrukturkategorien bzw. -einrichtungen, für unterschiedliche räumliche und zeitliche Bezugssysteme sowie unter Berücksichtigung zusätzlicher Determinanten die komplexen Wirkungszusammenhänge zwischen Infrastruktur- und Bevölkerungsentwicklung zu erfassen.

Die Untersuchungsresultate relativieren denn auch die anfangs über-

---

[13] Vgl. zum Meinungsspektrum *A. Bloch*, Tendenzen der Bevölkerungsentwicklung und Infrastrukturversorgung. Schriftenreihe des ILS-NW, Materialien, Bd. 4020, Dortmund 1982, S. 10; *H. G. v. Rohr*, Bevölkerungsentwicklung und Infrastrukturversorgung in den 80er Jahren. Schriftenreihe des ILS-NW, Landesentwicklung, Bd. 1027, Dortmund 1981, S. 19 ff.

wiegend vertretene Auffassung, der Bevölkerungsrückgang stelle das Anfangsglied einer Wirkungskette dar, die hinsichtlich der Infrastruktur schlechthin über die einzelnen Zwischenstufen - Unterauslastungen von Infrastruktureinrichtungen, Leistungsverteuerungen bzw. Rentabilitätsprobleme, Schließung der Einrichtung, Vergößerung der Einzugsbereiche der verbleibenden Infrastruktur, unzureichende Erreichbarkeitsverhältnisse für die Bevölkerung - auf eine Verschlechterung der Versorgungssituation hinauslaufe. Stattdessen lassen die jüngeren Studien erkennen, daß

- den Veränderungen der Bevölkerungszahl und -struktur als Determinanten der infrastrukturellen Entwicklung eine geringere Bedeutung zukommt als bislang allgemein angenommen wurde. Vielmehr wird die Bevölkerungsentwicklung hinsichtlich ihres Auswirkungsgrades auf die verschiedenen Infrastrukturbereiche in unterschiedlichem Maße von anderen Einflußfaktoren überlagert; beispielsweise von normativ vorgegebenen Richtwerten zu Einrichtungsgröße, Auslastungsstärke, Spezialisierungsgrad u.a.m., von Bedürfnisänderungen im Kontext des sozialen Wandels, von den Auswirkungen infrastrukturpolitischer Handlungskonzepte vergangener Jahre (Stichwort: Zentralisierungspolitik), von betriebswirtschaftlich und finanzpolitisch begründeten Sparstrategien usw.;

- demzufolge infrastrukturelle Versorgungsprobleme als alleinige Folge zurückgehender Bevölkerungszahlen und altersstruktureller Verschiebungen zumindest kurzfristig in der oftmals unterstellten Schärfe nicht zu erwarten sind;

- allerdings bei Fortsetzung der gegenwärtigen Entwicklungstendenzen im demographischen Bereich und ohne den Einsatz gegensteuernder infrastrukturpolitischer Maßnahmen die veränderten Rahmenbedingungen mittel- und langfristig durchaus zu ernsthaften infrastrukturellen Versorgungsproblemen führen können, und zwar schwerpunktmäßig in den derzeit bereits dünnbesiedelten Regionen.

Über diese generalisierten Aussagen hinaus verdeutlichen die einzelnen Untersuchungen aber auch die dringende Notwendigkeit einer differenzierten wirkungsanalytischen Betrachtungsweise. So variiert die Intensität der Wirkungsverflechtungen mit seinen problematischen Implikationen zwischen den verschiedenen Infrastrukturkategorien, zwischen den unterschiedlichen räumlichen Maßstabsstufen (Größe der Versorgungsbereiche, Gebietskategorien) sowie in Abhängigkeit von der jeweils zugrunde liegenden zeitlichen Betrachtungsdimension. Ursache dafür sind u.a. die unterschiedlichen, für die Entwicklung der Versorgungseinrichtungen maßgeblichen Determinantenbündel, die in Raum und Zeit differierenden Bevölkerungsstrukturen und Entwicklungsprozesse oder die sektoral und regional variierenden infrastrukturellen Standortgegebenheiten.

In der jüngeren Diskussion um die Wirkungszusammenhänge finden zudem, neben der zeitlichen, räumlichen und sachlichen Aufgliederung des Untersuchungsgegenstandes, weitere, vornehmlich methodische Aspekte, Beachtung. Sie betreffen die Frage nach einem adäquaten Meßinstrumentarium zur Erfassung der infrastrukturellen Versorgungsstandards und zur Beurteilung der potentiellen infrastrukturspezifischen Auswirkungen durch den demographischen Entwicklungsprozeß.

So wird, ausgehend von der Kritik an der ausschließlichen Verwendung der üblichen eindimensionalen, zumeist auf die Bevölkerung bezogenen Indikatoren (Beispiel: Ärzte je 1000 Einwohner einer Region) als Beurteilungs- und Planungsinstrument, die "gleichzeitige Betrachtung infrastruktureller Versorgungsstandards unter den Aspekten Betriebsgröße und Erreichbarkeit"[14] postuliert, denn: "Die bevölkerungsbezogenen Indikatoren zur Infrastrukturversorgung lassen die Disparitäten und Entwicklungsprobleme für Räume mit geringer Bevölkerungsdichte nicht in vollem

[14] *W. Schramm*, Geburtenrückgang und Regionalentwicklung. In: ARL, Regionale Aspekte der Bevölkerungsentwicklung ..., a.a.O., S. 192.

Ausmaß erkennen"[15].

Ein weiterer Vorschlag nimmt dagegen mehr aus angebotsorientierter Sicht Bezug auf das Problem der infrastrukturellen Effektivitätsmessung in Regionen mit geringem bzw. abnehmendem Nachfragepotential[16]. Als regions- und problemspezifische Erweiterung der gängigen Verfahren zur Bestimmung der optimalen Betriebsgröße[17] infrastruktureller Einrichtungen wird ein Konzept entwickelt, mit dem überprüft werden soll, "ob die mit der Errichtung der Infrastruktur gesteckten Ziele angesichts der veränderten Ausnutzung realisiert werden, d.h. ob diese Infrastrukturen effektiv sind"[18].

Kernbestandteil dieses Konzepts bilden die - empirisch zu ermittelnden - Nutzungsuntergrenzen von Infrastruktureinrichtungen, die unter der Prämisse, daß "die Inanspruchnahme der betreffenden Einrichtungen mit hinreichender Plausibilität als Versorgungsindikator betrachtet werden kann"[19], einen geeigneten Maßstab zur Effektivitätsbeurteilung darstellen sollen.

Während die Notwendigkeit des erstgenannten methodischen Erweiterungsvorschlages bereits anhand empirischer Fallbeispiele eindrucksvoll belegt werden konnte, steht die empirische Überprüfung des Nutzungskonzeptes auf Praktikabilität und Aussagefähigkeit jedoch noch aus.

Ist mit diesen Ausführungen der gegenwärtige Diskussions- und Forschungsstand lediglich grob skizziert, gilt es im folgenden, einige

---

[15] *W. Schramm u.a.*, Infrastrukturversorgung ..., a.a.O., S. 43.
[16] Vgl. *K. Kentmann*, Nutzungsuntergrenzen der Infrastruktur in ländlichen Räumen. ARL: Beiträge, Bd. 39, Hannover 1980.
[17] Vgl. etwa: *F. Wagener*, Neubau der Verwaltung, Berlin 1969; *H. Bock*, Funktionelle Erfordernisse zentraler Einrichtungen als Bestimmungsgröße von Siedlungs- und Städteeinheiten in Abhängigkeit von Größenordnung und Zuordnung. Bonn - Bad Godesberg 1972; vgl. auch die Diskussion dieser Bestimmungsverfahren von *E. Spiegel*, Verdichten oder Verdünnen. Infrastrukturplanung bei Bevölkerungsrückgang, a.a.O., S. 39 ff.
[18] *K. Kentmann*, Nutzungsuntergrenzen der Infrastruktur..., a.a.O., S. 1.
[19] Ebenda, S. 47.

der genannten methodischen Aspekte zu präzisieren sowie die differenzierten inhaltlichen Aussagen wirkungsanalytischer Studien an zwei Beispielen zu veranschaulichen.

2.2 Methodische Ansätze der bisherigen Forschung

Interessenleitend bei der Methodenanalyse sind - wie bereits erwähnt - vor allem die Fragen nach den
- Infrastrukturbereichen bzw. -einrichtungen,
- räumlichen Bezugssystemen und
- zeitlichen Betrachtungsräumen,

für die bislang die Wirkungszusammenhänge zwischen der Bevölkerungsentwicklung und der Infrastrukturversorgung untersucht wurden.

2.2.1 Auswahl der untersuchten Infrastruktur

Den im Rahmen dieser Studie ausgewerteten Untersuchungen liegt eine weitgehend übereinstimmende Auffassung des themenrelevanten Infrastrukturbegriffes zugrunde. Das Interesse gilt generell der haushaltsnahen - zur Ausübung der Daseinsgrundfunktionen erforderlichen - Infrastruktur, die als Teilbereich der materiellen Infrastruktur verstanden wird.

Unterschiede bestehen allerdings in der begrifflichen Ausdehnung der haushaltsnahen Infrastruktur. Die überwiegende Zahl der Arbeiten beschränkt sich auf die von Bund, Ländern, Kreisen und Gemeinden getragenen öffentlichen Einrichtungen der Kategorien
- Bildungswesen
- Gesundheitswesen
- Sozialwesen
- Kulturwesen
- Spiel-, Sport- und Freizeitbereich
- Verwaltung
- Verkehr.

Nur vereinzelt werden dagegen auch private Einrichtungen unter den Begriff der haushaltsnahen Infrastruktur subsumiert. In diesen Fällen erweitert sich die Palette der analysierten Infrastruktur um Einrichtungen
- des Einzelhandels,
- der medizinischen Versorgung,
- des Handwerks[20].

Entsprechend der allgemeinen Problemwahrnehmung werden einige der Infrastrukturbereiche in den Untersuchungen mit besonderer Intensität analysiert. So findet vorrangig der Bildungsbereich Beachtung, da die Bevölkerungsentwicklung mit ihrem spezifischen Charakteristikum sinkender Geburtenzahlen vornehmlich für die schulischen Einrichtungen problematische Konsequenzen erwarten läßt[21]. Ferner ist ein Schwerpunkt in der Analyse der konkreten Auswirkungen der demographischen Entwicklung für jene Infrastruktureinrichtungen festzustellen, die zur Mindestausstattung der Grund- und Mittelzentren gehören. Dabei gilt neben den Bildungseinrichtungen vor allem dem Krankenhauswesen das Interesse, begründet mit der besonderen Relevanz im landesplanerischen und entwicklungspolitischen Kontext[22].

---

[20] Vgl. etwa: *G. Kluczka u.a.*, Nutzung und Perspektiven privater und öffentlicher Infrastruktur in peripheren ländlichen Räumen, a.a.O.; *A. Bloch*, Tendenzen der Bevölkerungsentwicklung und Infrastrukturversorgung, a.a.O.; *R. Kretschmann*, Auslastung der Infrastruktur und Ansprüche der Bevölkerung in schwachstrukturierten ländlichen Räumen. ARL: Beiträge Bd. 43, Hannover 1980.

[21] Vgl. hierzu insbesondere: *ARL*, Regional differenzierte Schulplanung unter veränderten Verhältnissen. F.u.S., Bd. 150, Hannover 1984; *C. Geißler*, Bevölkerungsentwicklung und schulische Infrastruktur. In: ARL, Regionale Aspekte der Bevölkerungsentwicklung unter den Bedingungen des Geburtenrückgangs, a.a.O., S. 203 - 252.

[22] Vgl. etwa: *A. Bloch*, Tendenzen der Bevölkerungsentwicklung und Infrastrukturversorgung, a.a.O., S. 44 ff; *H. Lossau*, Flächendeckende Infrastrukturversorgung bei zurückgehenden Einwohnerzahlen - Konsequenzen für landesplanerische Zielsysteme? In: Gleichwertigkeit der Lebensverhältnisse - auch bei abnehmender Bevölkerungszahl? Materialien zum Siedlungs- und Wohnungswesen und zur Raumplanung, Bd. 25, Münster 1981, S. 117 ff.

In den bislang betrachteten Arbeiten wird die Verkehrsinfrastruktur in Relation zu den übrigen Bereichen nur in Ausnahmefällen in die Wirkungsanalyse einbezogen[23], obgleich ohne Zweifel für diesen Bereich ein enger Zusammenhang mit dem Bevölkerungsbereich besteht. Dies wird zum einen damit gerechtfertigt, daß der Verkehr nicht zur vorgegebenen Mindestausstattung zentraler Orte gehört. Zum anderen mag dafür die Auffassung einer arbeitsteiligen Vorgehensweise verantwortlich sein, findet doch seit Jahren auf verkehrswissenschaftlicher bzw. -politischer Ebene eine intensive Auseinandersetzung um die Problematik einer ausreichenden, an die spezifischen Bevölkerungsstrukturen und -prozesse dünnbesiedelter ländlicher Räume angepaßte Verkehrsversorgung statt.

2.2.2 Räumliche Bezugssysteme

Variieren in den einzelnen Studien die konkreten Fragestellungen und Untersuchungsschwerpunkte, so unterscheiden sich auch die jeweils zugrunde liegenden räumlichen Bezugssysteme. Überwiegend wird, ausgehend von der obersten räumlichen Gliederung des Bundesgebietes nach den Gebietskategorien Verdichtungsräume/ländliche Räume, ein bestimmtes Teilgebiet als kategorietypisches Fallbeispiel - zumeist ein Gebiet im ländlichen Raum - für die Untersuchung ausgewählt.

Diese Untersuchungen differieren darüber hinaus hinsichtlich der räumlichen Maßstabs- bzw. Aggregationsstufe. So erstreckt sich die Bandbreite der ausgewählten Analyseräume von den Gebietseinheiten des Bundesraumordnungsprogramms über Raumordnungsregionstypen, Arbeitsmarktregionen, Mittelbereiche gemäß der zentralörtlichen Gliederung, Landkreise und kreisfreie Städte, Gemeinden, Ortsteile bis hin zu räumlichen Modellbereichen, wie etwa nach den Kriterien der

[23] Vgl. z.B. *M. Sättler u.a.*, Entwicklungschancen ländlicher Räume, Schriftenreihe des BMELF. Reihe A: Angewandte Wissenschaft, H. 247, Münster-Hiltrup 1981.

Distanzempfindlichkeit und Tragfähigkeit abgegrenzte Nachbarschafts-, Grund-, Nah- und Mittelbereiche[24].

Aus methodischen und statistischen Gründen überwiegt in den Arbeiten die räumliche Bezugsebene der Kreise und kreisfreien Städte, wenn auch oftmals als unbefriedigende Kompromißlösung verstanden. Denn werden die großmaßstäbigeren Bezugsräume zumeist als inadäquat für die konkreten Forschungsintentionen angesehen - da zu grobmaschig, um die Versorgungsproblematik in ausreichender Schärfe zu erfassen -, so werden Analysen auf der Ebene von Gemeinden und Ortsteilen oder insbesondere standortscharfe Untersuchungen aufgrund des fehlenden statistischen Datenmaterials verhindert bzw. wegen erforderlicher Eigenerhebungen erschwert.

2.2.3. Zeitliche Betrachtungsräume

Eine erste Systematisierungsmöglichkeit der Studien hinsichtlich ihrer jeweiligen zeitlichen Betrachtungsräume bietet sich mit der Unterteilung nach ex-post- und ex-ante-Analysen. Bezüglich der zahlenmäßigen Relation dieser beiden Untersuchungsansätze zueinander ließ sich bis vor kurzer Zeit konstatieren: "Die Fülle der Arbeiten, die sich mit dem generellen Zusammenhang zwischen Ausstattung und Bevölkerungszahl theoretisch und beschreibend im Blick auf die vergangenen Jahre auseinandersetzen, steht eine

[24] Exemplarisch sei gemäß der Nennungsabfolge auf folgende Studien hingewiesen: *Beirat für Raumordnung*, Empfehlung "Zur Einschätzung der Hauptaufgabe der Raumordnungspolitik aufgrund der Raumordnungsprognose 1990" vom 25. Febr. 1980. Schriftenreihe "Raumordnung" des BMBau, H. 06047, Bonn 1981, S. 14 ff; *Ministerkonferenz für Raumordnung*, Zweite Stellungnahme zu den Auswirkungen eines langfristigen Bevölkerungsrückgangs auf die Raumstruktur in der Bundesrepublik Deutschland. In: Informationen zur Raumentwicklung, H. 11/12, 1981, S. 798 ff; *M. Sättler*, Entwicklungschancen ländlicher Räume..., a.a.O.; *H. Lossau*, Flächendeckende Infrastrukturversorgung..., a.a.O.; *A. Bloch*, Tendenzen der Bevölkerungsentwicklung..., a.a.O.; *H. Klose*, Bevölkerungsentwicklung und ihre Auswirkungen auf die Infrastruktur im Landkreis Kassel. In: ARL, Zur Bedeutung rückläufiger Einwohnerzahlen für die Planung, a.a.O., S. 187 - 206.

relativ große Enthaltsamkeit gegenüber, was die konkret in den kommenden Jahren zu erwartende Entwicklung betrifft"[25].

Einige jüngere Untersuchungen haben dieses Ungleichgewicht bis heute allerdings etwas entschärft. Auf der Basis verschiedener Bevölkerungsprognosen, Modellrechnungen und Szenarien werden für das gesamte Bundesgebiet, aber auch räumlich differenziert für die verschiedenen Infrastrukturbereiche entsprechend der vorgegebenen Prognose- bzw. Berechnungshorizonte die kurz-, mittel- und langfristigen Auswirkungen der Bevölkerungsentwicklung analysiert, teils mit dem Versuch der Quantifizierung, teils in verbal beschreibender Form.

Doch lassen sich auch hier Schwerpunkte in der vorausschauenden Betrachtungsweise ausmachen. Bedingt durch die geringe Validität der Aussagen und somit nicht zuletzt aufgrund der geringen wissenschaftlichen und vor allem politischen Akzeptanz langfristiger Analyseresultate überwiegen die eher kurzfristigen Untersuchungen bis zum Jahre 1990. Mit der Zielsetzung, zumindest einige theoretische Anhaltspunkte für mittel- und langfristige Entwicklungsverläufe hinsichtlich der infrastrukturellen Versorgungssituation unter der Annahme bestimmter Rahmenbedingungen zu gewinnen, werden in einigen Studien aber auch Betrachtungszeiträume bis zu den Jahren 2000 und 2050 zugrunde gelegt[26]. Derartige Wirkungsanalysen basieren allerdings nicht auf dem methodischen Instrumentarium prognostischer Verfahren, sondern erfolgen mittels theoretischer Modellrechnungen und räumlicher Szenarien.

---

[25] *H. G. v. Rohr*, Bevölkerungsentwicklung und Infrastrukturversorgung in den 80er Jahren..., a.a.O., S. 20.

[26] Z.B.: *Wissenschaftlicher Beirat beim BMV*, Wirtschaftspolitische Implikationen eines Bevölkerungsrückgangs. Gutachten. Studienreihe des BMWI 28, Bonn 1980; siehe auch den Überblick von *G. Stiens*, Räumlicher Wandel unter den Rahmenbedingungen rückläufiger Bevölkerungszahlen - Anregungen zum Thema aus raumbezogenen Szenarien der Ressortforschung des Bundes. In: ARL, Regionale Aspekte..., a.a.O., S. 87 - 98.

2.3 Zum Aussagegehalt wirkungsanalytischer Studien

Eine Reihe jüngerer Untersuchungen gelangen mittels einer differenzierten theoretisch-methodischen Konzeptionalisierung zu aussagekräftigen Resultaten. Im folgenden werden zwei Beispiele dargestellt. Die erste ausgewählte Studie konzentriert sich bei ihren Aussagen zu den Wirkungszusammenhängen auf einen kurzfristigen Betrachtungszeitraum, die zweite dagegen gibt Hinweise auf mögliche Folgewirkungen der demographischen Veränderungen über das Jahr 2000 hinaus.

2.3.1 Beispiel 1: Zur kurzfristigen Wirkungsanalyse

In einer von der GEWOS GmbH durchgeführten Studie wird der Frage nach den konkreten Zusammenhängen zwischen der zukünftigen Infrastrukturversorgung im Sozial- und Bildungsbereich und der zu erwartenden Bevölkerungsentwicklung für die 80er Jahre nachgegangen[27].

Räumliches Bezugssystem der Untersuchung bilden ausgewählte Mittelbereiche der Gebietskategorien Ballungskern, Ballungsrandzone und Ländliche Zone. Um erste Anhaltspunkte über Art und Ausmaß des Zusammenhanges zu gewinnen, wird die Entwicklung des infrastrukturellen Angebotes für den Zeitraum 1975 bis 1979 analysiert und der Bevölkerungsentwicklung während dieser Jahre gegenübergestellt. Als Resultat wird hinsichtlich der analysierten Infrastruktureinrichtungen folgende "Rangskala der Intensität des Zusammenhanges" ermittelt:

1. Allgemeinbildende Schulen
2. Berufsbildende Schulen
3. Kindergärten und Kindertagesstätten
4. Altenheime und Altenwohnheime
5. Altenpflegeeinrichtungen

---

[27] Vgl. zum folgenden *H. G. v. Rohr*, Bevölkerungsentwicklung ..., a.a.O.

6. Jugendeinrichtungen
7. Krankenhäuser
8. Bäder und Sporteinrichtungen.

Ein absoluter Zusammenhang zwischen der Kapazitätsentwicklung und der jeweils entsprechenden altersspezifischen Bevölkerungsentwicklung ist aber für keine der Infrastrukturkategorien nachzuweisen. Die kapazitätsbestimmende Nachfrage wird vielmehr zusätzlich durch "versorgungspolitische Zielsetzungen oder aber attraktivitätsbeeinflussende Faktoren bei denjenigen Infrastrukturkategorien, deren Inanspruchnahme freiwillig erfolgt"[28], beeinflußt; ein Einfluß, der für die einzelnen Kategorien um so stärker wird, je tiefer diese sich auf der Rangskala befinden.

Als wichtigste Einflußfaktoren für die verschiedenen Infrastrukturkategorien werden genannt:

- Pädagogische Versorgungsnormen (z. B. Schüler-Lehrer-Relationen) im gesamten Schulbereich; im Berufsschulsektor zudem Vollzeit-Teilzeitunterricht-Relationen;

- Gruppengröße bei Kindergärten und Kindertagesstätten;

- Abgrenzung der Einzugsbereiche von Altenheimen und Altenwohnheimen;

- Abbau noch vorhandener Versorgungsdefizite im Hinblick auf die Altenpflege und die Jugendeinrichtungen und dem damit verbundenen kommunalen Engagement;

- Maßnahmen zur Kostendämpfung im Krankenhauswesen;

- zunehmender Stellenwert des Sports im gesellschaftlichen Leben.

Stellen dies die Resultate einer ex-post-Analyse dar, so geht die

---

[28] Vgl. *H. G. v. Rohr*, Bevölkerungsentwicklung..., a.a.O., S. 50.

Studie in einem weiteren Schritt der Frage nach, inwieweit diese Einflußfaktoren auch unter Berücksichtigung der für die 80er Jahre zu erwartenden Bevölkerungsentwicklung weiterhin ihre Relevanz behalten werden. Auf der Basis von Überlegungen in Form des Szenarioverfahrens kommt die Studie zu folgenden Schlüssen:

- Der Stellenwert der von der Bevölkerungsentwicklung weitgehend unabhängigen Einflußfaktoren wird sich in den 80er Jahren nicht entscheidend verändern. So wird insbesondere die Kapazitätsentwicklung im Krankenhauswesen, im Bereich der Jugendeinrichtungen und der Sportanlagen von den Bevölkerungsveränderungen kaum tangiert.

- Im Bereich der Kinder- und Alteneinrichtungen ist die Problematik eines Nachfragerückgangs in den nächsten Jahren noch ohne jegliche Relevanz, da in den entsprechenden Altersgruppen die Entwicklung noch stagniert bzw. zunimmt.

- Der relativ enge Zusammenhang zwischen Bevölkerungszahl und Kapazität einerseits und der bereits eingesetzte und sich zukünftig verschärfende Schülerrückgang andererseits wird die schulische Infrastruktur, und hier insbesondere den Grund- und Hauptschulbereich, in den nächsten Jahren vor eine problematische Versorgungssituation stellen.

2.3.2 Beispiel 2: Zur mittel- und langfristigen Wirkungsanalyse

Im Gegensatz zu der relativ kurzfristig angelegten GEWOS-Studie versuchen andere Studien, die Auswirkungen der Bevölkerungsentwicklung auf die infrastrukturelle Versorgung über mehrere Jahrzehnte hinaus zu erfassen, wobei sich allerdings die Aussagenschärfe mit fortschreitendem Prognosehorizont verständlicherweise aufgrund der zunehmenden Unsicherheit hinsichtlich der zugrunde gelegten Annahmen reduziert. Vorgehensweise und Ergebnisse derart langfristig konzipierter Untersuchungen sollen an einer ausgewählten, von BLOCH erstellten Studie[29] demonstriert werden. Die räumliche Betrachtungsebene dieser Wirkungsanalyse für private und öffentliche Infrastruktureinrichtungen stellen nach den Kriterien der Tragfähigkeit und der Distanzempfindlichkeit abgegrenzte Versorgungsbereiche dar; sie umfassen einen Nachbarschafts-, einen Grund-, einen Nah- und einen Mittelbereich. Deren räumliche Ausdehnungen und spezifische Ausstattungen mit Infrastruktureinrichtungen sind in Abbildung 1 dargestellt. Räumlich differenzierte Aussagen zur langfristigen Bevölkerungssentwicklung erfolgen auf der Ebene von Teilräumen mit unterschiedlichen Entwicklungsbedingungen, die sich aus Kreisen und kreisfreien Städten zusammensetzen. Die Resultate der auf dieses Basis durchgeführten Modellrechnung lassen sich wie folgt resümieren:

- Nachbarschaftsbereich:
  Die Tragfähigkeit der für diesen Bereich relevanten Infrastruktureinrichtungen (Kindergärten, Einzelhandelsbetriebe mit Gütern des täglichen Bedarfs) wird kontinuierlich reduziert. Damit werden zukünftig vor allem Regionen mit geringer Bevölkerungsdichte, kleinen Siedlungseinheiten und geringen Fruchtbarkeitsziffern vor Versorgungsprobleme gestellt.

- Grundbereich:
  Bleiben die Fruchtbarkeitsziffern langfristig auf dem derzeit niedrigen Niveau, wird die Tragfähigkeit der wohnungsnahen Einrichtungen in solchen Grundbereichen gefährdet, deren Ausgangsbevölkerung gegenwärtig nur sehr schwach ausgeprägt ist, wie etwa in den dünnbesiedelten ländlichen Regionen.

- Nahbereich:
  Die Bevölkerungsentwicklung wird mittel- und langfristig die Tragfähigkeit der Infrastruktureinrichtungen auch in den Nahbereichen gefährden. Bedingt durch den Umfang des Nahbereiches, der der Größe einer Gemeinde gleichzusetzen ist, werden die

[29] Vgl. *A. Bloch*, Tendenzen der Bevölkerungsentwicklung..., a.a.O.

Abb. 1: Zuordnung ausgewählter Infrastruktureinrichtungen zu Versorgungsbereichen

Versorgungs-bereich	Radius	Infrastrukturbereich			
		Bildung	Gesundheit	Soziales	Sport und Freizeit
Nachbarschafts-bereich	1 km	Kindergarten		Kindergarten	Spielplatz
Grundbereich	3 km	Grundschule	Arzt Zahnarzt		Sportplatz Sporthalle
Nahbereich	6 km	Sekundarstufe I	Apotheke Facharzt	Jugendheim Altenheim	Freibad Versammlungsraum
Mittelbereich	10 km	Sekundarstufe II	Krankenhaus Fachärzte	Jugendzentrum Altenzentrum	Hallenbad Mehrzweckhalle

Quelle: A. Bloch, Tendenzen..., a.a.O., S. 54.

auftretenden Unterauslastungen keine vollständige Aufgabe, sondern lediglich eine Reduzierung des innergemeindlichen Infrastrukturangebotes induzieren.

- Mittelbereich:
  Insbesondere für jene Mittelbereiche, die derzeit nur eine Bevölkerung zwischen den landesplanerisch vorgegebenen Mindestzahlen von 25.000 und 30.000 Einwohnern aufweisen, wird die Tragfähigkeit für Infrastruktureinrichtungen des Bildungs- und Gesundheitsbereiches über das Jahr 2000 hinaus kaum noch gesichert sein. Berücksichtigt man zudem fachpolitische Entwicklungsziele (z.B. im Rahmen der Schulentwicklungsplanung oder der Krankenhausplanung), so werden sich bei den planerisch intendierten räumlichen Konzentrationen der Einrichtungen die erforderlichen Einzugsbereiche unter dem Einfluß der Bevölkerungsentwicklung in erheblichem Maße vergrößern.

Die Resultate verdeutlichen, "daß die Infrastrukturversorgung innerhalb des Betrachtungszeitraumes nur in solchen Räumen gesichert erscheint, deren Bevölkerungszahl erheblich über den Größenordnungen liegt, die heute als Tragfähigkeit ausreichen"[30]. Darüber hinaus leitet die Studie aus den gewonnenen Erkenntnissen eine landesplanerisch wichtige Forderung ab: Unter Berücksichtigung fachplanerischer Zielvorstellungen hinsichtlich anzustrebender Versorgungssysteme (vor allem im Schulbereich) sollte die derzeitige Zuordnung der verschiedenen Infrastruktureinrichtungen zu bestimmten Stufen des zentralörtlichen Gliederungssystems aufgrund der sich ändernden Anforderungen an die notwendigen Einzugsbereiche überprüft werden.

Abschließend sei nochmals betont, daß mit dieser Darstellung zweier Untersuchungsbeispiele nur Teilaspekte des bislang gewonnenen Erkenntnisstandes zum Themenfeld der Wirkungsanalysen wiedergegeben werden. Doch vermitteln die exemplarischen Skizzierungen durchaus

---

[30] *A. Bloch*, Tendenzen der Bevölkerungsentwicklung..., a.a.O., S. 94.

einen Eindruck über den für kurz- und langfristige Wirkungsanalysen typischen Aussagegehalt der Untersuchungsresultate.

2.4 Zur Notwendigkeit weiterführender Wirkungsanalysen

Die diesen Themenbereich abschließenden Ausführungen zur Frage, inwieweit es weiterer Analysen bedarf, um die Auswirkungen der zukünftigen Bevölkerungsentwicklung auf die infrastrukturelle Versorgungssituation in ausreichender Weise zu erfassen, nehmen zum einen Bezug auf die in der vorliegenden Literatur explizierten Hinweise auf noch bestehende Forschungsdefizite und auf erforderliche weiterführende Forschungsschwerpunkte. Zum anderen leiten sie sich ab aus einer subjektiven Bewertung des aktuellen Forschungsstandes hinsichtlich vernachlässigter bzw. unberücksichtigter Fragestellungen.

Grundsätzlich ist anzumerken, daß unabhängig vom derzeitigen Forschungsstand die Problematik des Wirkungszusammenhanges zwischen den beiden Komponenten Bevölkerungsentwicklung und Infrastrukturversorgung einer kontinuierlichen Thematisierung bedarf. Dies ist schon allein aufgrund des ständigen Wandels erforderlich, denen die relevanten Faktoren im Zeitablauf unterliegen. Außerdem wird es kaum gelingen, deren mittel- und langfristige Ausprägungen zum Zeitpunkt der jeweiligen Untersuchung mit der erforderlichen Präzision und Sicherheit vorauszusagen. Dies hat zur Konsequenz, daß die größtenteils sehr vagen Annahmen über die zukünftige Entwicklung der Einflußfaktoren, und hier vor allem der Bevölkerungsentwicklung, in Zukunft ständig überprüft und gegebenenfalls modifiziert werden müssen. Wird letzteres erforderlich, sind auch die Schlußfolgerungen bisheriger Wirkungsanalysen möglicherweise zu korrigieren.

Doch gibt es neben diesem grundsätzlichen Aspekt aus inhaltlicher und methodischer Sicht eine Reihe von Gründen, die eine Fortsetzung und Erweiterung der bisherigen Untersuchungsansätze zur Erfassung der Wirkungszusammenhänge erfordern:

1. Die bislang durchgeführten Untersuchungen reichen nicht aus, um die einzelnen Untersuchungsresultate verallgemeinern und damit als ausreichende politisch-planerische Informationsgrundlage verwenden zu können. Wichtig sind insofern ergänzende Untersuchungen für weitere Analyseräume.

2. Die private Infrastruktur wurde bislang bei den Wirkungsanalysen teils unzureichend, teils überhaupt nicht berücksichtigt. Da aber auch dieser Bereich für die Lebensqualität in einer Region von erheblicher Bedeutung ist und für ihn gravierende Probleme infolge der zu erwartenden Bevölkerungsreduzierung zu erwarten sind, sollte er verstärkt Gegenstand differenzierter Wirkungsanalysen werden.

3. Die in verschiedenen Studien durchgeführten ex-post-Analysen basieren in der Regel auf relativ kurzen Beobachtungszeiträumen von nur wenigen Jahren. Es erscheint jedoch sinnvoll, derartige Analysen auf größere Referenzzeiträume auszudehnen, um potentielle zeitliche Verzögerungen bei den Wirkungsverflechtungen zu erfassen und damit zugleich eine Ausgangsbasis für zukunftsorientierte Betrachtungen zu gewinnen.

4. In zahlreichen Untersuchungen erfolgt die Analyse der gegenwärtigen und zukünftigen infrastrukturellen Versorgungsniveaus mit Hilfe der gebräuchlichen Indikatoren, deren vorrangige Bezugsgröße die Bevölkerung der jeweils untersuchten Gebietseinheit darstellt. Einige Studien weisen jedoch zu Recht auf die Unzulänglichkeiten derartiger eindimensionaler Richtwerte hin, vernachlässigen sie jedoch gerade bei der Betrachtung großflächiger Untersuchungsgebiete die Erreichbarkeit infrastruktureller Einrichtugnen als einen der wichtigsten Qualitätsmaßstäbe einer gebietsspezifischen Versorgungssituation. Sind folglich in Zukunft Wirkungsanalysen unter Verwendung mehrdimensionaler Indikatoren durchzuführen, die neben Angaben

zu Nutzermengen auch Erreichbarkeits- bzw. Zugänglichkeitsmaße berücksichtigen, so impliziert dies zugleich das Postulat nach Analysen auf möglichst kleinräumigen Bezugsebenen, um sämtliche relevanten Versorgungsbeziehungen möglichst realitätsgerecht zu erfassen.

5. Um die durch die Bevölkerungsentwicklung ausgelösten Implikationen für die verschiedenen Infrastrukturbereiche in ihrem vollen Problemausmaß zu erfassen, bedarf es einer verstärkten Untersuchung der Nachfrage nach Infrastrukturleistungen. Neben den versorgungspolitischen Faktoren sind in diesem Zusammenhang insbesondere sozioökonomische Aspekte von Bedeutung, wie etwa die Lebenssituation, die Bedürfnisstrukturen und die Konsumgewohnheiten der Bevölkerung, differenziert nach Altersgruppen und Gebietsregionen. Diese Faktoren sind weder in ihren derzeitigen Ausprägungen hinreichend bekannt, noch hat bis dato eine ausreichende Auseinandersetzung mit deren Entwicklung im Kontext des technologischen und sozialen Wandels stattgefunden.

3. Zur Diskussion um eine problemadäquate Infrastrukturpolitik

Bereits seit Anfang der siebziger Jahre wird der Frage nachgegangen, welche Konsequenzen für die Gestaltung des infrastrukturbezogenen Politikbereiches aus den Versorgungsproblemen zu ziehen sind, die durch die zahlen- und altersmäßigen Bevölkerungsveränderungen ausgelöst werden bzw. sich verstärken.

Trotz der damit schon langandauernden Auseinandersetzung liegt jedoch bis heute noch kein geschlossener, geschweige denn allgemein akzeptierter Konzeptionsentwurf vor. Stattdessen werden auf politischer wie wissenschaftlicher Ebene Lösungsansätze verfolgt, die sich in strategisch-instrumenteller wie in zielbezogener Hinsicht unterscheiden, teilweise gar widersprechen.

Ein derartiger Entwicklungsstand sollte allerdings nicht als Spezifikum der infrastrukturellen Fachpolitik verstanden werden, er läßt sich vielmehr für den Bereich der Raumordnungs- und Regionalpolitik generell attestieren.

Die zu Beginn des letzten Jahrzehnts zu konstatierenden Strukturprobleme in den ländlichen, vornehmlich peripheren Regionen und die zu erwartende Problemverschärfung infolge der sich ändernden demographischen, ökonomischen, sozialen und ökologischen Rahmenbedingungen initiierten nämlich eine raumordnungspolitische Grundsatzdiskussion, in deren Mittelpunkt zum einen die Frage nach der zeitgemäßen, sprich realisierbaren Raumordnung, zum anderen die Frage nach effizienten Umsetzungsmöglichkeiten der jeweiligen Zielvorstellungen stehen.

Mehrere konzeptionelle Vorschläge mit zum Teil divergierenden Vorstellungen über den zukünftig einzuschlagenden Entwicklungspfad und die anzuwendenden Handlungsstrategien wurden in diese Auseinandersetzung eingebracht und ausführlich diskutiert, ohne dabei jedoch bis zum gegenwärtigen Zeitpunkt einen Konsens darüber zu erzielen, welchem der Vorschläge der Vorzug gegeben werden soll.

Wenngleich die Kontroverse um Ziel- und Handlungskonzepte vorrangig in fachwissenschaftlichen Kreisen ausgetragen wird, läßt sich eine gewisse konzeptionelle Heterogenität aber auch in der Planungspraxis erkennen, in der die von Bund und Ländern notwendigerweise vorgenommenen Prioritätensetzungen nicht immer zugunsten einheitlicher Politikansätze erfolgt ist. Aufgrund des unmittelbaren Zusammenhangs zwischen den derzeit diskutierten raumordnungs- und regionalpolitischen Entwicklungskonzeptionen und den infrastrukturpolitischen Ansätzen als deren fachplanerische Konkretisierungen erscheint es im Rahmen dieser Studie angebracht, kurz auf die übergeordnete Ziel- und Handlungsdiskussion einzugehen und sie dabei vor allem hinsichtlich derzeit bestehender Akzentuierungen zu beleuchten.

3.1 Raumordnungspolitische Ziel- und Handlungskonzepte

Die Mitte der siebziger Jahre erneut auflebende Auseinandersetzung um Sinn und Zweck einer grundsätzlichen Neuorientierung in den raumordnungspolitischen Zielsetzungen avancierte in der Folgezeit sehr schnell zu einer überspitzt als "Kleinkrieg der Konzeptionen"[31] apostrophierten Konfrontation zweier räumlicher Ordnungsmodelle: die Konzeption ausgeglichener Funktionsräume auf der einen, die Konzeption großräumiger Vorranggebiete auf der

[31] *G. Stiens*, Veränderungen der Handlungs- statt der Zielkonzepte. In: IKO, 29. Jg. 1980, H. 5, S. 184.

anderen Seite[32].

Beide Modelle lassen sich als eine Weiterentwicklung der in der Raumordnungspolitik bislang angewandten Konzepte der Gebietskategorien des punktaxialen Systems sowie des Regionenkonzepts[33] verstehen. Während jedoch das Modell der ausgeglichenen Funktionsräume planungstheoretisch eine spezielle Variante der Regionenkonzeption darstellt, eine Konzeption, die etwa dem Bundesraumordnungsprogramm zugrunde liegt, nimmt die Planungskonzeption der großräumigen Vorranggebiete in ihren Modellvorstellungen zur optimalen Raumstruktur eine völlig neue, eigenständige Position ein.

Das wohl wichtigste Unterscheidungsmerkmal zwischen den beiden Raumordnungsmodellen bildet der Bezug zum Ziel der gleichwertigen Lebensverhältnisse, das seit 1975 mit Verabschiedung des Bundesraumordnungsprogramms als Leitziel der Raumordnungspolitik gilt[34]. Ausgehend von einem räumlichen Bezugssystem, welches das Bundesgebiet flächendeckend in Teilregionen untergliedert[35], wird das sog. Ausgleichsziel als realisiert betrachtet, wenn in keiner der Teilregionen in den Bereichen der Infrastruktur, des Wohnungswesens, der natürlichen Ressourcen und des

---

[32] Vgl. *ARL*, Gleichwertige Lebensbedingungen durch eine Raumordnungspolitik des mittleren Weges - Indikatoren, Potentiale, Instrumente, F.u.S., Bd. 140, Hannover 1983; *ARL*, Ausgeglichene Funktionsräume, Grundlagen für eine Regionalpolitik des mittleren Weges. Teil 1. F.u.S., Bd. 94, Hannover 1975 und Teil 2. F.u.S., Bd. 116, Hannover 1976; *D. Sträter*, Die Planungskonzeption der großräumigen Vorrangfunktionen. IMU-Institut München, Studien 1, München 1983; *ARL*, Funktionsräumliche Arbeitsteilung - Teil 1: Allgemeine Grundlagen. F.u.S., Bd. 138, Hannover 1981, Teil 2: Ausgewählte Vorrangfunktionen in der Bundesrepublik Deutschland. F.u.S., Bd. 153, Hannover 1984.

[33] Vgl. dazu: *B. Dietrichs*, Alte und neue Konzeptionen in Raumordnung, Landesplanung und Regionalplanung. In: IKO, 29. Jg. 1980, H. 5, S. 162 ff; eine kurze Skizzierung gibt auch: *D. Sträter*, Die Planungskonzeption der großräumigen Vorrangfunktionen, a.a.O., S. 56 ff.

[34] Siehe Bundesraumordnungsprogramm, a.a.O., S. 1.

[35] Derzeit umfaßt dieses Bezugssystem 75 Raumordnungsregionen, die die ehemaligen 38 Gebietseinheiten des BROP ablösen.

Arbeitsplatzpotentials normativ vorgegebene Mindeststandards unterschritten werden[36].

Im Gegensatz zur Konzeption der ausgeglichenen Funktionsräume weicht das Konzept der Vorranggebiete von dieser sozialstaatlich legitimierten Zielvorstellung ab. Alternativ zu einer im obigen Sinn ausgeglichenen Raumstruktur intendiert es - kurzgefaßt nach STRÄTER -" ...ein Raummuster ..., in dem den wachstumsdynamischen Verdichtungsräumen die ländlichen Räume, genauer: Teilräume 'funktional' zugeordnet werden, um ihren 'Begabungen' oder 'Eignungen' gemäß ihre räumlichen Funktionen (Leistungen) für die Verdichtungsräume erfüllen zu können. Damit andere Nutzungen bzw. Funktionen die primäre Funktion nicht überlagern, werden diese Gebiete mit einen Vorrang belegt, so z. B. Vorranggebiete für den ökologischen Ausgleich. Die dominierende Funktion soll andere Funktionen nicht ausschließen, sofern diese nicht konfligieren. Dieses Vorranggebietekonzept nimmt die passive Sanierung, d. h. eine gezielte ökonomische Unterentwicklung oder gar Nicht-Entwicklung und eine Absiedlung von peripheren, schwachstrukturierten Räumen bewußt in Kauf"[37].

Die Aufgabe raumordnungspolitischer Ausgleichsbemühungen zugunsten einer derart agglomerationsorientierten, vornehmlich auf die Verdichtungsräume ausgerichteten Förderpolitik rechtfertigen die Konzeptionsverfechter mit einer Reihe von Argumenten. Um hier nur die

[36] Vorschläge für derartige Mindeststandards wurden beispielsweise vom Beirat für Raumordnung, Empfehlungen vom 16. Juni 1976; Hrsg. Bundesminister für Raumordnung, Bauwesen und Städtebau, Bonn 1976, S. 39 ff.

[37] *D. Sträter*, Die Planungskonzeption der großräumigen Vorrangfunktionen a.a.O., S. 6.

gewichtigsten zu nennen[38]:

- Die Chancen zur Realisierung des Ausgleichsziels, das schon zu Zeiten positiver demographischer und ökonomischer Wachstumsraten nicht in befriedigender Weise erfüllt werden konnte, sind nahezu aussichtslos, da bei weiterem Bevölkerungsrückgang die Tragfähigkeit der Infrastruktur kaum noch zu gewährleisten ist, Industrieansiedlungen ausbleiben und die finanziellen Voraussetzungen zur Strukturverbesserung schlechthin fehlen.

- Zur Forcierung des Wirtschaftswachstums und zur Verbesserung der internationalen Wettbewerbsfähigkeit darf die Allokation der vorhandenen Ressourcen nicht dezentral erfolgen, sondern muß allein auf die Verdichtungsräume als den Hauptstandorten wirtschaftlicher Aktivitäten konzentriert werden.

- Die gegenwärtige Interpretation des Ziels gleichwertiger Lebensverhältnisse wird der Notwendigkeit einer verstärkten raumordnungspolitischen Beachtung ökologischer Belange angesichts der problematischen Überlastung der natürlichen Ressourcen nicht mehr gerecht.

Der Anspruch, allein mittels der großräumigen Vorranggebietekonzeption die ökonomischen und ökologischen Probleme lösen zu können, wird jedoch ebenso kontrovers diskutiert[39] wie die Begründung,

---

[38] Zu den Begründungen siehe *K.H. Hübler*, Raumordnungskonzepte und ihr Realitätsbezug. Zu einigen Ursachen des Vollzugsdefizits beim Bund. In: IKO, 29. Jg., 1980, H. 5, S. 168; *K.H. Hübler* u.a., Zur Problematik der Herstellung gleichwertiger Lebensverhältnisse. ARL: Abhandlungen, Bd. 80, Hannover 1980; *B. Dietrichs*, Voraussetzungen und Bedingungen einer indikatorengeleiteten Raumordnungspolitik für Regionen. In: ARL, Gleichwertige Lebensverhältnisse durch eine Raumordnungspolitik des mittleren Weges..., a.a.O., S. 273 ff; *D. Sträter*, Die Planungskonzeption..., a.a.O., S. 110 ff.

[39] Vgl. *D. Sträter*, Die Planungskonzeption..., a.a.O., S.27 ff.; *H.H. Blotevogel*, Die Abgrenzung Ausgeglichener Funktionsräume. Methodische Fragen und Regionalisierungsvorschlag für Nordrhein-Westfalen. In: ARL, Funktionsräumliche Arbeitsteilung..., a.a.O., S. 19 ff.

die derzeitigen strukturellen Gegebenheiten und die Trendwende bei den Rahmenbedingungen zwängen notwendigerweise zur Abkehr vom raumordnungspolitischen Ausgleichsziel[40]. So sehen etwa die Befürworter der Regionenkonzeption in der speziellen Form der ausgeglichenen Funktionsräume diese Notwendigkeit zur Zielrevision nicht. Für sie bedeutet die Beibehaltung des Leitziels gleichwertiger Lebensverhältnisse nicht nur eine moralische Verpflichtung zum solidarischen Verhalten gegenüber den Bewohnern der strukturell benachteiligten Regionen, sondern auch eine unter ökonomischen Kostenaspekten zu legitimierende Entscheidung. So wird etwa auf die Gefahr verwiesen, daß eine nach betriebswirtschaftlichen Kriterien vielleicht begründete großräumige passive Sanierung volkswirtschaftlich betrachtet "nicht etwa Kosten spart, sondern die Kosten schafft"[41].

Der Abbau regionaler Disparitäten ist jedoch nicht die einzige Handlungsmaxime der Konzeption ausgeglichener Funktionsräume. Die Ziele der ökonomischen Effizienz und Stabilität sowie die ökologisch-existenzielle Sicherung bilden weitere integrale Bestandteile des Zielsystems, wobei versucht wird, zwischen den verschiedenen Zieldimensionen einen Ausgleich anzustreben, kurz, eine "Regionalpolitik des mittleren Weges" zu verfolgen.

Als räumliches Ordnungsmodell schwebt den Vertretern dieser Konzeption eine flächendeckende Gliederung des Bundesgebietes vor, die sich darstellt als ein umfassendes Mosaik ausgeglichener Funktionsräume. Sie ist erreicht, wenn jeder der Teilräume, die in ihrer Abgrenzung etwa den Planungsregionen der Länder entsprechen

---

[40] Siehe hierzu: *ILS-NW*, Die Bedeutung Ausgeglichener Funktionsräume für das Zielsystem der Landesentwicklung. Schriftenreihe Landesentwicklung, Band 1.038, Dortmund 1982; *ARL*, Strategien des regionalen Ausgleichs und der großräumigen Arbeitsteilung. Beiträge, Bd. 57, Hannover 1981.

[41] *R. Thoss*, Zurück zur passiven Sanierung? In: IKO, 29. Jg., 1980, S. 182.

sollten[42], derart strukturiert ist, daß er sich zum einen wirtschaftlich selber trägt, zum anderen der regionsansässigen Bevölkerung eine angemessene Ausübung der Daseinsgrundfunktionen in den Bereichen Arbeiten, Wohnen, Bildung, Versorgung, Freizeit, Erholung und Verkehr gewährleistet[43].

Zur Realisierung eines solchen Leitbildes wurde als grundlegende Voraussetzung der räumlichen Organisation das Prinzip der "relativen Dezentralisation durch regionale Konzentration" entworfen[44]. Danach gilt es, das bestehende Muster von Verdichtungsräumen zugunsten einer größeren Zahl von Agglomerationen aufzulockern, damit einerseits die Nachteile übermäßiger Ballungen vermieden, andererseits die großräumigen Disparitäten zwischen ländlichen und verdichteten Regionen mit ihren Negativfolgen der interregionalen Mobilitätszwänge für große Teile der ländlichen Bevölkerung verringert werden.

Die Dezentralisation der alten Verdichtungsräume auf interregionaler Maßstabsebene läßt sich gemäß den strategischen Vorstellungen aber nur erreichen, wenn in den zu entwickelnden ländlich strukturierten Regionen eine Konzentration siedlungsstruktureller und wirtschaftlicher Aktivitäten erfolgt. Nur dadurch

---

[42] Vgl. zu theoretischen und praktischen Fragen der Regionsabgrenzung beispielsweise *V. Malchus Frhr. v.*, Regionen in Nordrhein-Westfalen - Strukturelle Entwicklungen in den Oberbereichen des Landes und die Abgrenzung von Planungsregionen; *H.H. Blotevogel*, Die Abgrenzung Ausgeglichener Funktionsräume - Methodische Fragen und ein Regionalisierungsvorschlag für Nordrhein-Westfalen. Beide Aufsätze in: ARL, Funktionsräumliche Arbeitsteilung ..., a.a.O.,, S. 51 - 72, und S. 13 - 50.

[43] Mit Bezug auf die Mindeststandards definiert *Thoss* den Begriff "Ausgeglichener Funktionsraum" als "Kürzel für einen Zustand, den eine Region mindestens erreichen soll. Der jeweilige Zustand der Region wird durch eine Reihe statistischer Indikatoren beschrieben und wenn jede dieser Kennziffern einen bestimmten, normativ gesetzten Mindeststandard überschreitet oder zumindest gerade erreicht, ist der Zustand der "Ausgeglichenheit" verwirklicht". *R. Thoss*, Zurück zur passiven Sanierung?, a.a.O., S. 179.

[44] Vgl. *D. Marx*, Zur Konzeption ausgeglichener Funktionsräume als Grundlage einer Regionalpolitik des mittleren Weges. In: ARL, Ausgeglichene Funktionsräume..., Teil 1, a.a.O., S. 4 ff.

ist in den neu zu gründenden bzw. auszubauenden Agglomerationskernen eine bestimmte Mindestbevölkerungszahl, ein quantitativ und qualitativ ausreichendes Arbeitsplatz- und Infrastrukturangebot, eine krisensichere Wirtschaftsstruktur sowie eine hinreichende interregionale Verkehrsanbindung zu erzielen; Bedingungen, die nach der Wachstumspoltheorie allesamt als notwendige Voraussetzungen zur Konkurrenz- und damit zur Existenzfähigkeit der Entwicklungszentren gelten[45].

Werden Zahl und räumliche Lage der Entwicklungszentren zudem unter Berücksichtigung von Erreichbarkeitskriterien bestimmt, so entsteht eine umfassende Gliederung von Verflechtungsbereichen, in denen sich dünnbesiedelte Peripherieregionen und mindestens ein Zentrum gegenüberstehen, und die dadurch gemeinsam im Sinne einer funktionsräumlichen Arbeitsteilung ihrer Bevölkerung die Basis zur Ausübung sämtlicher Daseinsgrundfunktionen in zumutbarer Entfernung bieten.

Aufgabe der Zentren ist, eine befriedigende Einkommenserzielung und eine angemessene infrastrukturelle Versorgung zu ermöglichen; die der peripher gelegenen ländlichen Teilregionen dagegen besteht in der Angebotssicherung von Flächen für Freizeit und Erholung, des ökologischen Ausgleichs sowie der land- und forstwirtschaftlichen Nutzung.

Die letztgenannten Gebiete werden demzufolge analog zum Konzept der großräumigen Vorranggebiete mit Funktionen belegt, die gleichsam eine Strategie der passiven Sanierung implizieren, da Investitionen im Infrastrukturbereich und Maßnahmen zur Verbesserung der Wirtschaftsstruktur in diesen Räumen unterbleiben. Allerdings besitzen die hier akzeptierten Prozesse der passiven Sanierung nur eine kleinräumige Dimension, indem sie sich lediglich auf einzelne Teilgebiete eines Funktionsraumes beschränken. Damit gelten sie

[45] Vgl. zur theoretischen Begründung: *D. Storbeck* u. *M. Lücke*, Die gesellschaftliche Relevanz regionalpolitischer Ziele. In: ARL, Ausgeglichene Funktionsräume ..., Teil 1, a.a.O., S. 52 ff.

zugleich hinsichtlich des interregionalen Ausgleichsgebotes als zieladäquat, wenngleich noch ein Dissens darüber besteht, welches Ausmaß der innerregionalen "Wüstungsstrategie" zur Stärkung der regionalen Zentren toleriert werden kann.

Die Kontroverse um die beiden - hier nur sehr grob und unter Auslassung neuerer konzeptioneller Modifikationen skizzierten - Planungskonzepte hat bis zum gegenwärtigen Zeitpunkt noch kein Ende gefunden. Zwar werden gelegentlich Versuche unternommen, mit Hinweisen auf materielle Gemeinsamkeiten und einander ergänzender Strategieeigenschaften einen Schlußstrich unter die Debatte zu ziehen[46], doch werden solche Bemühungen vor allem von Vertretern der Vorranggebietekonzeption aus planungstheoretischer wie - praktischer Sicht als unangemessen zurückgewiesen[47].

Dennoch: In der jüngeren raumwirtschaftlichen Diskussion scheint der Streit um die räumlichen Ordnungsmodelle an Bedeutung zu verlieren. Das dominierende Interesse wendet sich zunehmend einem Themenbereich zu, der sich mit neuen Handlungsstrategien und Instrumenten zur Verwirklichung der ausgleichsorientierten Zielvorstellungen befaßt, verbunden mit einer grundlegenden Kritik an den traditionellen Mitteln und Wegen der Raumordnungspolitik, deren Wirksamkeit für eine zielorientierte Lösung der anstehenden Probleme angesichts der veränderten Rahmenbedingungen

---

[46] Vgl. etwa *R. Thoss,* Großräumige Funktionszuweisungen und Ausgeglichene Funktionsräume. In: ARL, Strategien des regionalen Ausgleichs..., a.a.O., S. 13 ff; *H. H. Blotevogel,* Die Abgrenzung Ausgeglichener Funktionsräume..., a.a.O., S. 23.

[47] So beispielsweise: *B. Dietrichs*, Die wissenschaftliche Diskussion über neue Raumordnungsstrategien. In: Ergänzung des landesplanerischen Zielsystems auf der Grundlage funktionaler Raumtypen, ILS-Schriftenreihe, Bd. 1033, Dortmund 1982, S. 57 ff; siehe auch *D. Sträter*, Die Planungskonzeption ..., a.a.O., S. 29 ff.

in zunehmendem Maße bezweifelt wird[48].

Mit entscheidend für die thematische Akzentverschiebung ist sicherlich die dezidierte Stellungnahme der amtlichen Raumordnungspolitik im Konzeptionsstreit. In mehreren Entschließungen, Stellungnahmen, Empfehlungen und Berichten jüngeren Datums bekräftigen die verschiedenen raumordnungspolitischen Institutionen - der Beirat und die Ministerkonferenz für Raumordnung sowie der Bundesminister für Raumordnung, Bauwesen und Städtebau - die Gültigkeit des Gleichwertigkeitsziels auch vor dem Hintergrund veränderter und sich weiter ändernder Rahmenbedingungen[49].

In eingeschränktem Maße gilt dies auch für die Ebene der Landesplanung. Doch finden bereits in einigen Bundesländern auch Elemente der Vorranggebietekonzeption Anwendung. So werden beispielsweise in folgenden Ländern großräumige Vorranggebiete planerisch festgelegt: In Nordrhein-Westfalen (Landesentwicklungspläne II, IV, V und VI), in Niedersachsen (Entwurf des Landesraumordnungsprogramms 1980/81) und im Saarland (Landesentwicklungsplan

---

[48] Vgl. *G. Stiens*, Stoßrichtungen für die Regionalpolitik der achtziger Jahre. In: C. Hanser, S. Huber (Hrsg.), Hat die traditionelle Infrastrukturförderung für periphere Regionen ausgedient? Thema-Band des NEP "Regionalprobleme des Schweizerischen Nationalfond", Programmleitung, Bern 1982, S. 208; *J. Uhlmann u.a.*, Konzepte und Maßnahmen einer stabilisierungsorientierten Entwicklungssteuerung für periphere ländliche Räume in der Bundesrepublik Deutschland - Fallstudien Tirschenreuth und Daun. In: Wege zur Stabilisierung ländlicher Räume, Schriftenreihe des BML: Landwirtschaft - Angewandte Wissenschaft, H. 268, Münster-Hiltrup 1982, S. 104; *M. Schulz-Trieglaff*, Neue Akzente in der Raumordnungspolitik. In: Bundesbaublatt, H. 1, 1982, S. 19.

[49] Vgl. *Beirat für Raumordnung*, Empfehlungen vom 16. Juni 1976, 28. Februar 1980 und 11. März 1982; *Ministerkonferenz für Raumordnung*, Entschließung vom 12. November 1979 und 12. November 1981; *Bundesminister für Raumordnung, Bauwesen und Städtebau*, Raumordnungsberichte 1978 und 1982.

Umwelt)[50].

Die Angemessenheit derartiger raumordnungspolitischer wie landesplanerischer Konzeptionsentscheidungen unter ökonomischen, sozialen, ökologischen und politischen Aspekten ist im Rahmen dieser Studie nicht zu bewerten. Ebenso stellen die Beurteilung des derzeitigen Ausreifungsgrades der Modellüberlegungen in theoretischer und methodischer Hinsicht sowie die Frage nach deren planungspraktischer Relevanz hier keine intensiver zu behandelnde Themenpunkte dar[51].

Abgeschlossen werden soll dieser Abschnitt hingegen mit einigen gleichsam skizzenhaften Ausführungen zur gegenwärtig besonders intensiv thematisierten Frage nach potentiellen und notwendigen Veränderungen hinsichtlich ausgleichsorientierter Entwicklungsstrategien.

Bei der Suche nach neuen Wegen, die Diskrepanz zwischen den ausgleichsorientierten Zielvorstellungen der Raumordnungspolitik und

---

[50] Vgl. Landesentwicklungsplan III "Gebiete mit besonderer Bedeutung für Freiraumfunktionen - Wasserwirtschaft und Erholung" in der Fassung vom 12.04.1979. In: MBL.NW, S. 1288 ff; Landesentwicklungsplan IV "Gebiete mit Planungsbeschränkungen zum Schutz der Bevölkerung vor Fluglärm" in der Fassung vom 08.02.1980. In: MBL.NW, S. 518 ff; Landesentwicklungsplan V "Gebiete für den Lagerstättenabbau" in Vorb.; Landesentwicklungsplan VI, "Festlegung von Gebieten für flächenintensive Großvorhaben (einschließlich Standorten für die Energieerzeugung" vom 08.11.1978, geändert am 16.04.1980. In: MBL.NW, S. 1550 ff; Der Niedersächsische Minister des Innern (Hrsg.), Landes-Raumordnungsprogramm Niedersachsen - Teil I/II - (Entwurf) vom 06.06.1981, LT-Drucks. 9/2602; Landesentwicklungsplan "Umwelt (Flächenvorsorge für Freiraumfunktionen, Industrie und Gewerbe)", vom 18.12.1979. In: Amtsblatt des Saarlandes 1980, S. 345 ff.

[51] Zu den beiden ersten Fragenkomplexen vgl. *D. Sträter*, Die Planungskonzeption ..., a.a.O., S. 159 ff. und 240 ff.; zu der letzten Frage vgl. u.a. *K.H. Hübler*, Kritische Anmerkungen zur Konzeption Ausgeglichener Funktionsräume. In: Die Bedeutung ausgeglichener Funktionsräume für das Zielsystem der Landesentwicklung, a.a.O., S. 22 ff; *G. Stiens*, Veränderungen der Handlungs- statt der Zielkonzepte der Raumordnung, a.a.O., S. 184.

der unbefriedigenden Realität in den ländlichen, zumeist peripher gelegenen Regionen aufzulösen - wobei diese Problemgruppe seit einigen Jahren durch die vom Strukturwandel negativ betroffenen altindustrialisierten Verdichtungsgebiete erweitert wird - konzentriert sich das Interesse vorrangig auf die Strategie einer "endogen orientierten Regionalpolitik". Wenngleich derzeit noch eine Reihe divergierender Auffassungen hinsichtlich der theoretischen und methodischen Konzeptionalisierung einer derartigen Strategie vertreten werden, die auch unter Bezeichnungen wie "Regionalpolitik von unten", "selbstverantwortete", "autozentrierte" oder "ökologische Regionalentwicklung" firmiert[52], läßt sich der Kern dieses Entwicklungsansatzes mit HAHNE wie folgt charakterisieren: "Zum einen bedeutet dies eine regionsbezogene Implementation des Instrumenteneinsatzes, in deren Rahmen gemäß der individuellen regionalen Ausgangsbedingungen und Potentialvoraussetzungen regionsspezifische Maßnahmenkombinationen ausgearbeitet werden sollen. Zum anderen stehen damit im wesentlichen die regionsinternen, "endogenen" Ressourcen und Potentiale im Mittelpunkt der strategischen Überlegungen, deren Aktivierung die schmaler gewordenen Möglichkeiten regionsexterner Entwicklungshilfe ausgleichen soll"[53].

Daß die Strategie der endogenen Regionalentwicklung eine vielversprechende Ergänzung zu den herkömmlichen Ansätzen regionaler Entwicklungspolitik darstellt, scheint inzwischen nahezu unumstrit-

[52] Vgl. zu dieser Strategie vor allem die umfassende und ausführliche Arbeit von *U. Hahne*, Regionalentwicklung durch Aktivierung interregionaler Potentiale. Schriften des Instituts für Regionalforschung der Universität Kiel, Bd. 8, München 1985; ferner *BfLR*, Themenheft: Endogene Entwicklungsstrategien? Informationen zur Raumentwicklung, H. 1/2 1984; *S. Hartke*, Eigenständige Regionalentwicklung und endogene Entwicklungsstrategien in der Bundesrepublik: Stand, Themenfelder und Forschungsfragen einer aktuellen Diskussion. In: ARL, Endogene Entwicklung. Theoretische Begründung und Strategiediskussion. Arbeitsmaterial, Nr. 76; Hannover 1984, S. 73 - 100; *D. Sträter*, Disparitätenförderung durch endogene Entwicklungsstrategien? In: Raumforschung, 42. Jg., H. 4 - 5, 1984, S. 238 - 246.

[53] *U. Hahne*, Endogenes Potential, Stand der Diskussion. In: ARL, Endogene Entwicklung..., a.a.O., S. 1.

ten, lassen sich doch die Schwächen zentralistisch ausgebildeter Politikkonzepte mit ihren pauschalen, regional undifferenzierten Steuerungsversuchen und Lösungsansätzen nicht mehr übersehen[54].

Dieses Meinungsbild ist dabei nicht nur in den fachwissenschaftlichen Kreisen zu diagnostizieren, es scheint sich auch, wie bereits in einigen Staaten des benachbarten Auslands[55], in der bundesdeutschen Raumordnungs- und Regionalpolitik durchzusetzen. Befasste sich der Beirat für Raumordnung auf Anregung des Bundesministers für Raumordnung, Bauwesen und Städtebau in seiner Empfehlung vom 18. März 1983 bereits eingehend mit der Thematik der selbstverantworteten regionalen Entwicklung im Rahmen der Raumordnung[56], so konstatiert HARTKE zudem in seiner Analyse zum gegenwärtigen Diskussionsstand "neuerdings in nahezu allen Präambeln, Zielkatalogen und Begründungsunterlagen amtlicher Planwerke Grundsatzformulierungen zu diesem Themenfeld"[57].

3.2 Konzeptionelle Richtungen in der jüngeren Infrastrukturpolitik

Analog zu den raumordnungspolitischen Ziel- und Strategiekonzepten lassen sich bei den infrastrukturpolitischen Ansätzen jüngeren Datums, die Bezug nehmen auf die gegenwärtigen und zukünftigen Problemkonstellationen in den dünn besiedelten ländlichen Regionen, im wesentlichen drei verschiedene konzeptionelle Richtungen konstatieren.

---

[54] Vgl. zum aktuellen Stand der regionalpolitischen Diskussion: Regionalpolitik 2000 - Probleme, Ziele, Instrumente. Ergebnisse eines Symposiums. Schriften der Wirtschafts- und Sozialwissenschaftlichen Gesellschaft Trier e.V., Trier 1984; *BfLR u. Deutscher Landkreistag* (Hrsg.), Ziele und Wege zur Entwicklung dünn besiedelter ländlicher Regionen, a.a.O.

[55] So etwa in Österreich und in der Schweiz; vgl. dazu *U. Hahne,* Regionalentwicklung ..., a.a.O., S. 41 ff.

[56] Vgl. Beirat für Raumordnung, "Selbstverantwortete regionale Entwicklung im Rahmen der Raumordnung". Empfehlung vom 18. März 1983. Abgedruckt in: Informationen zur Raumentwicklung, H. 1/2, 1984, S. 187 - 194.

[57] *S. Hartke,* Eigenständige Regionalentwicklung ..., a.a.O., S. 74.

Mit Blick auf die zugrundeliegenden Leitbilder zur räumlichen Entwicklung, denen sich die fachpolitischen Teilziele unterordnen, können zwei dieser Richtungen als ausgleichsorientiert, eine als vorranggebiets- bzw. agglomerationsorientiert bezeichnet werden.

Die Differenzierung ausgleichsorientierter Politikansätze im Infrastrukturbereich folgt der Existenz unterschiedlicher Entwicklungsstrategien zur Realisierung ausgeglichener Funktionsräume. So lassen sich die zahlreichen Vorschläge zum einen der Strategie einer "relativen Dezentralisierung durch regionale Konzentration" zuordnen, zum anderen der Strategie einer "endogen orientierten Regionalpolitik". Trotz des gemeinsamen Leitziels differieren die infrastrukturpolitischen Ausgestaltungen der beiden Entwicklungskonzepte, sowohl in den fachpolitischen Zielen wie auch im Maßnahmenbereich.

Den drei unterschiedlichen Denkrichtungen hinsichtlich der Konzeptionalisierung einer problem- und zieladäquaten Infrastrukturpolitik ist ein Ausgangspunkt gemein: die Kritik am Konzept der Zentralen Orte. Dieses Konzept, abgeleitet aus der von CHRISTALLER entworfenen Theorie der zentralen Orte[58] und erstmalig in den 50er Jahren in die Planungspraxis eingeführt, bestimmt bis zum heutigen Zeitpunkt in bemerkenswerter Weise die offizielle Infrastrukturpolitik in Bund und Ländern[59]. Um der Bevölkerung in allen Teilräumen des Bundesgebietes ein Mindestmaß an infrastrukturellen Leistungen in zumutbarer Entfernung zu gewährleisten und darüber

---

[58] Vgl. *W. Christaller*, Die zentralen Orte in Süddeutschland. Eine ökonomisch-geographische Untersuchung über die Gesetzmäßigkeit der Verbreitung und Entwicklung der Siedlungen mit städtischen Funktionen. Jena 1930, Nachdruck Darmstadt 1968; zur weiteren Entwicklung vgl. *J. Deiters*, Zur empirischen Überprüfbarkeit der Theorie der zentralen Orte. Fallstudie Westerwald, Bonn 1978.

[59] Zur planungspraktischen Problematik vgl. beispielsweise: *DVAG*, Zentrale Orte und ihre Folgen. Ergebnisse des Symposiums anläßlich des 10. Todestages von Walter Christaller in Darmstadt 30./31. März 1979. Material zur Angewandten Geographie, Hamburg 1979.

hinaus die wirtschaftliche Entwicklung in den strukturschwachen ländlichen Regionen anzuregen, wurde mit diesem Planungsmodell den politischen Aktivitäten, insbesondere der Allokation öffentlicher Infrastrukturinvestitionen, ein räumliches Ordnungsmuster vorgegeben, wonach sich das Bundesgebiet in ein funktions- und leistungsfähiges Netz von hierarchisch abgestuften zentralen Orten mit entsprechend gestalteten Einzugsbereichen untergliedert.

Planerisch konkretisiert wurde das Leitmuster von den einzelnen Bundesländern. Ausgehend von den bestehenden Siedlungsstrukturen versahen sie ihre Städte, zumeist in Anlehnung an die von der Ministerkonferenz für Raumordnung vorgeschlagenen Richtlinien für die Zahl der Hierarchiestufen, die Mindestbevölkerung, die infrastrukturelle Mindestausstattung und die Größe der jeweiligen Einzugsbereiche, mit unterschiedlichen Zentralitätsprädikaten (z. B. Ober-, Mittel-, Unter- und Kleinzentrum)[60]. Konnten mittels dieses Planungskonzepts seit seiner praktischer Implementation einige allgemein anerkannte Erfolge erzielt werden, etwa eine erhebliche Anhebung des infrastrukturellen Versorgungsniveaus in den ländlichen Regionen, so vermochte es im Laufe der Zeit als ressortübergreifende Entwicklungsstrategie immer weniger zu überzeugen. Darüber hinaus wächst angesichts der modifizierten Rahmendaten aber auch die Skepsis hinsichtlich der Effizienz eines allein für den Infrastrukturbereich maßgeblichen Ziel- und Handlungskonzepts. Zahlreiche Modellschwächen, die hier nicht detailliert darzustellen sind, werden dafür verantwortlich gemacht.

Eine "ungerechtfertigte Übertragung der grenznutzentheoretischen Gleichgewichtshypothese auf räumliche Belange"[61], die "Konservierung einer den heutigen ökonomischen und gesellschaftlichen Bedingungen nicht mehr angemessenen Siedlungsstruktur" mit

---

[60] Vgl. Ministerkonferenz für Raumordnung. Empfehlung vom 08.02.1968.

[61] *K. Kummerer, N. Schwarz, H. Wege*, Strukturräumliche Ordnungsvorstellungen des Bundes. Göttingen 1975; erläutert in *D. Sträter*, Die Planungskonzeption ..., a.a.O., S. 89.

der Folge eines "ineffektiven Einsatzes knapper Mittel"[62], die "Festschreibung hierarchisch dargestellter ungleicher Lebensverhältnisse" und somit eine unter dem Aspekt des Ausgleichsziels "kontraproduktive Wirkung"[63] sind nur einige der Kritikpunkte, die von unterschiedlichen wissenschaftstheoretischen und politischen Positionen gegen das Zentrale-Orte-Modell und dessen praktische Umsetzung vorgebracht werden[64].

Entsprechend diesen verschiedenen Positionen gehen die aus der Modellkritik resultierenden Alternativvorschläge für eine problembezogene Infrastrukturpolitik in Art und Ausmaß jedoch erheblich auseinander. So postulieren die Verfechter der großräumigen Vorranggebietekonzeption die wohl gravierendsten Modifikationen.

Der prinzipiellen Leitlinie der Konzeption folgend, welche eine Raumordnung intendiert, die sich den strukturellen Gegebenheiten und den Entwicklungstrends in den benachteiligten ländlichen Regionen nicht entgegenstellt, sondern diese als unumgängliche Tatbestände antizipiert, werden die in weiten Teilen dieser Gebietseinheiten vorzufindenden infrastrukturellen Versorgungsdefizite im Gegensatz zur herkömmlichen Auffassung nicht mehr als Problemsituation wahrgenommen, denen entgegenzuwirken ist. Sie werden stattdessen als zieladäquat interpretiert, sehen die infrastrukturbezogenen Zielvorstellungen doch für diese Regionstypen, welche modellgemäß vorrangig land- und wasserwirtschaftliche sowie ökologische Ausgleichsfunktionen zu erfüllen haben, ein deutlich unterhalb der zur Zeit gültigen

---

[62] *D. Storbeck u. M. Lücke,* Die gesellschaftspolitische Relevanz regionalpolitischer Ziele ... a.a.O., S. 57.

[63] *M. Korte*, Soziale Infrastrukturplanung. Berlin 1976; zitiert in: G. Stiens, Neue Ansatzpunkte für eine ausgleichsorientierte Infrastrukturpolitik. In: ARL, Gleichwertige Lebensverhältnisse ..., a.a.O., S. 243.

[64] Zur jüngeren Kritik und zukünftigen Anwendungsmöglichkeiten siehe zudem: *G. Bahrenberg*, Zur Anwendung der Theorie der Zentralen Orte in der Raumplanung. In: Aktuelle Probleme der Geographie. Duisburger Geographische Arbeiten H. 5, Duisburg 1985, S. 15 ff.

Mindeststandards angeordnetes Versorgungsniveau vor[65]. Für die strategisch-instrumentelle Ausformung der Infrastrukturpolitik impliziert eine derartige Betrachtungsperspektive einen relativ "unkomplizierten" Ansatz, da sie den real vorhandenen Tendenzen einer sich verschlechternden Versorgungslage nicht entgegensteuern muß; ihre Aufgabe besteht vielmehr darin, diese Tendenzen zur Realisierung der angestrebten Raumordnung zu forcieren. Wie dies beispielsweise erfolgen könnte, demonstriert folgender Vorschlag: "So könnte der Staat im Zuge einer gezielten Diskriminierung bestimmter Regionen (Defavorisierungspolitik) deren Versorgungsqualität herabsetzen und somit einen negativen Anreiz für Bewohner schaffen, diese Gebiete zu verlassen. Die Stillegung unrentierlicher Strecken der Bundesbahn und die Schließung von Poststellen und kleineren Postämtern könnte die Durchsetzung der Vorranggebietekonzeption begünstigen, ebenso wie z. B. der gezielte Nicht-Ausbau von Straßen in bestimmten Vorranggebieten oder die Schließung von sozialen Infrastruktureinrichtungen, wie Schulen u.ä. Da alle aufgeführten Maßnahmen derzeit schon politische Praxis sind, wäre es denkbar, sie zu bündeln und für das Gesamtkonzept "fruchtbar" zu machen"[66].

Die politische Praxis der Zentralisierungsmaßnahmen in verschiedenen Infrastrukturbereichen, vornehmlich mit betriebswirtschaftlichen Kalkülen legitimiert, gilt jedoch nicht allein dem agglomerationsorientierten Konzeptansatz als einen zu unterstützenden Entwicklungsprozeß.

Der "Rückzug aus der Fläche", wenngleich in wesentlich engeren Grenzen, wird auch von einigen Anhängern der ausgleichsorientierten Raumordnungspolitik gebilligt, und zwar von jenen, die das räumliche Ordnungsprinzip der "relativen Dezentralisation durch

[65] Vgl. *Kommission für wirtschaftlichen und sozialen Wandel*. Gutachten, Göttingen 1977, S. 305 ff.
[66] *D. Sträter*, Die Planungskonzeption ..., a.a.O., S. 267.

regionale Konzentration" als Leitmaxime verfolgen[67].

Im Rahmen dieser konzeptionellen Richtung liegt die wichtigste Aufgabe der Entwicklungspolitik ländlicher Regionen in der Förderung einiger weniger funktions- und konkurrenzfähiger Regionalzentren, die im Verbund mit ihren zugehörigen ländlich strukturierten Einzugsbereichen in funktionsräumlicher Arbeitsteilung der regionsansässigen Bevölkerung eine angemessene Ausübung sämtlicher Daseinsgrundfunktionen ermöglichen und damit den Zwang zu interregionalen Abwanderungen reduzieren.

Um derartige Zentren zu schaffen, die zur Existenzfähigkeit einen ausreichenden Urbanitätsgrad benötigen, bedarf es nach den Konzeptvorstellungen aufgrund der spezifischen Ausgangs- und Entwicklungsbedingungen in den ländlichen Regionen einer intraregionalen Konzentration der Wohn- und Arbeitsstätten sowie der Infrastruktur.

Speziell für die Infrastrukturpolitik folgt daraus eine grundlegende Verfahrensänderung der bis in die 70er Jahre hinein gängigen Investitionstätigkeit der öffentlichen Hand. Statt die knapper gewordenen Mittel über das gesamte herkömmliche, engmaschige Netz von zentralen Orten aller Hierarchiestufen zu streuen, sind sie lediglich auf jene Standorte zu konzentrieren, die als Entwicklungsschwerpunkte fungieren sollen. Abgezielt wird dabei auf eine gegenüber den Verdichtungsräumen wettbewerbsfähige und attraktive Infrastruktur, die über ihre Funktion einer bedarfsgerechten Versorgung mit Gütern und Dienstleistungen hinaus zur Gestaltung einer urbanen Lebensform beitragen soll. Dies insofern, als städtische Lebensbedingungen für den überwiegenden Teil der Bevölkerung als existenziell notwendig verstanden werden und demzufolge zur Vermeidung interregionaler Abwanderungen in

---

[67] Vgl. zum folgenden *D. Marx*, Zur Konzeption ausgeglichener Funktionsräume ..., a.a.O., S. 3 ff; *D. Storbeck u. M. Lücke*, Die gesellschaftspolitische Relevanz ..., a.a.O., S. 52 ff; *U. Brösse*, Qualitative und quantitative Anforderungen an die Infrastrukturausstattung ausgeglichener Funktionsräume. In: ARL, Ausgeglichene Funktionsräume ..., Teil 2, a.a.O., S. 45 ff.

jedem der Funktionsräume gewährleistet sein müssen.

Als noch nicht eindeutig geklärt muß die Frage nach der quantitativen und qualitativen Ausformung einer bedarfsgerechten, attraktiven Infrastrukturversorgung betrachtet werden. Die Problematik besteht vornehmlich darin, daß deren Beantwortung nahezu ausschließlich auf der Basis subjektiver und/oder politischer und nicht wissenschaftlich fundierter Entscheidungskriterien zu erfolgen hat.

So divergieren die Vorstellungen über die erforderlichen Versorgungsstandards innerhalb der Raumforschung ebenso wie im raumbezogenen Politikbereich[68].

Als Beispiel für fachwissenschaftliche Bemühungen, die Entscheidungsfindung für normative Richtwerte zu unterstüzen, sei auf eine Untersuchung von BRÖSSE verwiesen[69]. Um in einem ersten Schritt die qualitativen Anforderungen an die Infrastrukturausstattung ausgeglichener Funktionsräume zu bestimmen, wird in dieser Arbeit "anhand theoretischer und empirischer Arbeiten anderer Autoren untersucht, welche Entwicklungsrichtungen, Vorstellungen und Präferenzen bzgl. der Infrastruktur bei Unternehmen und Haushalten in absehbarer Zeit bestehen"[70]. Auswertungsgrundlage bildet dabei hinsichtlich der haushaltsnahen Infrastruktur vor allem eine empirische Untersuchung von ZIMMERMANN, in der u.a. mittels einer stichprobenartigen Befragung von Arbeitnehmern in strukturell benachteiligten Regionen eine

---

[68] Einen Überblick über die Vielzahl von Richtwerten, die den unterschiedlichen Ebenen der Infrastrukturplanung zugrundliegen, geben *M. Bahlburg u. R. Kunze*, Orientierungswerte für die Infrastrukturplanung - Analysewerte und Zielindikatoren der Planung in Bund, Ländern und Gemeinden - ARL: Beiträge, Bd. 31, Hannover 1979.

[69] Vgl. *U. Brösse*, Qualitative und quantitative Anforderungen ..., a.a.O., S. 29 - 66.

[70] Ebenda, S. 30.

Bedarfsbewertung diverser Infrastrukturarten ermittelt wurde[71].

Von dieser Bedarfsbewertung ausgehend (vgl. Tabelle 1) zieht BRÖSSE, unter Berücksichtigung einiger inhaltlicher und metho-

Tab. 1: Allgemeine Rangfolge einzelner Posten der Infrastruktur (in Durchschnittswerten)*)

Rang	Infrastruktur	Durchschnittswert
1.	Praktischer Arzt	4,725
2.	Apotheke	4,502
3.	Krankenhaus	4,380
4.	Bank	4,316
5.	Gute Einkaufsmöglichkeiten	4,280
6.	Augenarzt	4,090
7.	Wandermöglichkeiten	3,944
8.	Hallenschwimmbad	3,713
9.	Eisenbahnstation	3,601
10.	Polizeiwache	3,521
11.	Autobahnanschluß	3,382
12.	Fußballplatz	3,066
13.	Gebirge	2,929
14.	Gute Restaurants	2,834
15.	See	2,809
16.	Reisebüro	2,461
17.	Theater	2,193
18.	Flugplatz	1,993
19.	Tennisplatz	1,890
20.	Kino	1,862
21.	Kunstausstellungen	1,744
22.	Konzerte	1,688

*) Jeder Posten der Infrastruktur konnte von den Befragten von 1 (sehr unwichtig) bis 5 (sehr wichtig) bewertet werden. Aus den Antworten wurden Durchschnittswerte gebildet, die zwischen 1,000 und 5,000 liegen können.

Quelle: H. Zimmermann: Regionale Präferenzen, S. 133, Tabelle 23.

[71] Vgl. *H. Zimmermann*, Regionale Präferenzen - Wohnortorientierung und Mobilitätsbereitschaft der Arbeitnehmer als Determinanten der Regionalpolitik, Bonn 1973.

discher Untersuchungsmängel, die Schlußfolgerung, "daß die nach der Bewertung ersten 50 % der Infrastrukturposten notwendige Bedingungen für jeden Wohnort sind, während die zweiten 50% ... in ausgeglichenen Funktionsräumen in angemessenem Zeitaufwand erreichbar sein müssen, d.h. in der Regel in der in vertretbarem Zeitaufwand erreichbaren Großstadt verfügbar sein müssen. Eine Ausnahme macht dabei Punkt 12 (Fußballplatz) aus den zweiten 50%, der ohne Schwierigkeiten in der Nähe jedes Wohnorts zu realisieren ist"[72]. In einem zweiten Untersuchungsschritt versucht BRÖSSE eine Operationalisierung der infrastrukturbezogenen Ausstattungsnormen für die ausgeglichenen Funktionsräume, basierend auf ausgewählten quantifizierten Infrastrukturdaten bzw. -indikatoren. Den Maßstab für die festzulegenden Normwerte leitet er - im durchaus üblichen Modus - ab aus der gesamträumlichen Ist-Situation. Unter Zuhilfenahme von %-Quantilen wird in diesem Fall jener Wert eines Indikators als Mindeststandard interpretiert, der in 25 % der Teilräume mindestens erreicht ist.

Tabelle 2 gibt die Zusammenstellung der auf diese Weise bestimmten Normwerte wieder, die zudem mit den vom Beirat für Raumordnung entwickelten Indikatorensystem sowie einer von HECKHAUSEN erstellten Synopse älterer Soll-Wert-Vorschläge verglichen werden.

Das Prozedere der Schwellenbildung wie die Brauchbarkeit der Indikatoren als fachplanerische Richtwerte sind in den letzten Jahren insbesondere im Lager der dem Ausgleichsziel anhängenden Wissenschaftler und Planer nicht ohne Kritik geblieben. Das dem Verfahren normativer Mindeststandards zugrunde liegende Prinzip der Übertragung städtischer Richtwerte auf die ländlichen Regionen wird aufgrund der fehlenden Beachtung regionaler Singularitäten als ebenso probleminadäquat bewertet wie die Verwendung großräumiger, eindimensionaler Durchschnittswerte als Zielindikatoren.

---

[72] *U. Brösse,* Qualitative und quantitative Anforderungen ..., a.a.O., S. 45.

Tabelle 2

Normwerte für die Infrastruktur im Vergleich

Infrastrukturbereiche und Indikatoren / Normwerte	Normwerte als von-bis-Werte, gemäß den von Heckhausen zusammengestellten Vorschlägen [1])	Normwerte des Beirats für Raumordnung für die Gebietseinheiten des Bundesraumordnungsprogramms (GE), für Mittelbereiche (MB) und für Planungsregionen der Länder (PR)	Obere Quartilswerte der 83 Untersuchungsregionen aufgrund eigener Berechnungen
Gesundheitswesen			
Betten in Akutkrankenhäusern je 10 000 Einwohner	29—100	GE ≥ 70 MB ≥ 50	83
Ärzte ohne Facharzttätigkeit je 10 000 Einwohner	2—6	—	—
Ärzte und Assistenzärzte in freier Praxis je 10 000 Einwohner	10—11	MB ≥ 20	10
Zahnärzte je 10 000 Einwohner	2—5	—	4,9
Krankenhausärzte je 10 000 Einwohner	6,3	—	—
Apotheken je 10 000 Einwohner	2—3,3	—	1,9
Jugendhilfe			
Plätze in Kinderkrippen je 10 000 unter 3jährige	50—2500	MB ≥ 50	920 Plätze in Kindertagesstätten je 10 000 unter-16-jährige
Plätze in Kindergärten je 10 000 3—5jährige	2500—8500	MB ≥ 8000	
Plätze in Kinderhorten je 10 000 6—15jährige	126—1500	MB ≥ 140	
Altenhilfe			
Plätze in Altenwohnheimen, Altenheimen und Altenpflegeheimen je 1000 über 65jährige	40—160	MB ≥ 70	45
Kultur			
Plätze in Theatern je 1000 Einwohner	1,5—6	—	—
Besucher in Theatern je 1000 Einwohner	—	—	390
Medieneinheiten je Einwohner	1—2	MB ≥ 1	—
Naherholung			
Wochenenderholungsfläche in qkm je 1000 Einwohner	1,4 [2])	GE ≥ 1,4	3,9
Tageserholungsfläche in qkm je 1000 Einwohner	—	MB ≥ 0,1	—
Sportstätten			
Fläche der Anlage von Freibädern in qkm je 1000 Einwohner	100—200	MB ≥ 100	—
Freibäder je 100 000 Einwohner	—	—	8,9
Verkehr (in km je $\sqrt{\text{Einw.} \cdot \text{Fl.}^{4)}}$)			
Länge Bundesautobahn	—	GE ≥ 0,15	0,16 [3])
Länge Bundesstraßen (mehr als 2spurig)	—	GE ≥ 0,15	2,9 [3])
Länge Bundesstraßen (2spurig)	—	GE ≥ 0,55	
Landesstraßen	—	PR ≥ 1,50	

[1]) Vgl. St. Heckhausen: Infrastruktur, passim.
[2]) Dieser Wert entstammt dem Beitrag von H. Kiemstedt, M. Thom und W. Heinrich aus diesem Bande.
[3]) Dieser Wert errechnet sich aus dem Quartilswert durch Multiplikation mit $\sqrt{10}$ (Dimensionsänderung).
[4]) Einwohner in 1000 und Fläche in 1000 ha.
— = Kein Wert angegeben oder kein Wert errechnet, da nicht möglich.

Quelle: Ausgeglichene Funktionsräume - Grundlagen für eine Regionalpolitik des mittleren Weges, 2. Teil (= ARL, Forschungs- und Sitzungsberichte Bd. 116), S. 56/57.

Eine derart indikatorengestützte Infrastrukturpolitik trifft etwa der Vorwurf, sie führe "in Gebieten mit geringer Bevölkerungsdichte im Vergleich zu dichter besiedelten Gebieten zu einem qualitativ schlechteren Angebot mit eingeschränkter Differenzierung"[73]. Die zunehmende kritische Distanz zum letztgenannten infrastrukturbezogenen Politikansatz beruft sich aber nicht allein auf die Indikatorenproblematik. Bedeutungsvoller scheint vielmehr die wachsende Skepsis gegenüber dem anderen Grundprinzip dieses Ansatzes, der intraregionalen Schwerpunktbildung mit der Konsequenz einer kleinräumigen passiven Sanierung. Problematisiert wird dabei hauptsächlich die Effizienz der weit über die Zentrale-Orte-Konzeption hinausgehenden Zentralisierungsbestrebungen im Hinblick auf das angestrebte Ziel einer gleichwertigen Versorgung.

Beispielsweise konstatiert STIENS: "Solche Konzentration wird aber oft eine Verstärkung der intraregionalen Unausgeglichenheit mit sich bringen, von der im besonderen Maße die verbleibende Bevölkerung in den nicht zentral gelegenen Gebieten der Region betroffen ist. Auch kleinräumige Funktionszuweisungen oder -widmungen (im Sinne singulärer Potentialkonzentrationen), mit denen das Wachstumsziel erreicht werden soll, können in bezug auf das Versorgungsziel auf diese Weise zu Ergebnissen führen, die unter Gesichtspunkten der Verteilungsgerechtigkeit nur als suboptimal zu bezeichnen sind"[74]. Denn die mit der räumlichen Konzentration verbundene Isolierung und Entmischung der Funktionen - so STIENS weiter - "heißt zugleich Distanzierung, heißt Erweiterung der Spanne zwischen dem durchschnittlichen regionalen Leistungspotential (Angebotsaspekt) und der tatsächlich in Anspruch genommenen Leistung (Nachfrageaspekt), und zwar verursacht durch

---

[73] *W. Schramm u.a.*, Infrastrukturversorgung ..., a.a.O., S. 43; Zur methodologisch-methodischen Diskussion der Indikatorenproblematik siehe u.a.: *H. Tüllmann*, Versorgungsqualität in wahlfreien Infrastrukturbereichen. Interdisziplinäre Systemforschung 77, Köln 1982, *B. Dietrichs,* Voraussetzungen und Bedingungen einer indikatorengeleiteten Raumordnungspolitik für Regionen. In: ARL, Gleichwertige Lebensverhältnisse ..., a.a.O., S. 257 - 283.

[74] *G. Stiens*, Neue Ansatzpunkte ..., a.a.O., S. 241.

Verschlechterung räumlich vorher schon diskriminierender Erreichbarkeitsverhältnisse"[75].

Als Konsequenz dieser Problemperzeption wurden in der jüngsten Zeit den konzentrationsfördernden Politikansätzen alternative Konzeptvorschläge entgegengesetzt, die erreichbarkeitsbezogene Kriterien in den Mittelpunkt ihres Ziel- und Handlungsrahmens stellen[76].

Deren gemeinsame Intention ist, die infrastrukturellen Leistungen so zu organisieren, daß sie von allen interessierten Nutzern mit einem akzeptablen Zeit- und Kostenaufwand beansprucht werden können. Eine ausreichende betriebswirtschaftliche Effizienz sowie eine hinreichende strukturelle Differenzierung des Leistungsangebotes werden dabei als nicht zu vernachlässigende Nebenbedingung interpretiert. Strategisch-instrumentell impliziert das Postulat einer wohnortnahen Infrastrukturversorgung eine Absage an regional undifferenzierte Pauschalkonzepte zugunsten dezentraler, auf die räumlichen Besonderheiten und bereichsspezifischen Anforderungen der Infrastruktur abgestimmter Lösungsansätze. Diskutiert wird in diesem Zusammenhang ein umfangreiches Maßnahmenset. Dies erstreckt sich von organisatorischen Veränderungen im materiellen, personellen und institutionellen Infrastrukturbereich über methodisch-analytische Verbesserungen bei der Infrastrukturplanung bis hin zu

---

[75] *G. Stiens*, Neue Ansatzpunkte ..., a.a.O., S. 241.

[76] Vgl. neben *G. Stiens* zudem: *P. Treuner*, Instrumentelle Aspekte einer Neuorientierung der Raumordnungspolitik. In: ARL, Gleichwertige Lebensverhältnisse ..., a.a.O., S. 232 ff; *J. Uhlmann u.a.*, Wege zur Stabilisierung ländlicher Räume ..., a.a.O., S. 109 ff; *W. Schramm*, Geburtenrückgang und Regionalentwicklung ..., a.a.O., S. 188 ff; *E. Mrohs u. E.C. Zurek,* Entwicklung ländlicher Räume - Genese und Gestalt struktureller Ungleichgewichte - Schriftenreihe des BMELF, Reihe A, H. 297, Münster 1984, S. 125; *P.-H. Burberg,* Neue Organisationsformen der Infrastruktur für dünnbesiedelte ländliche Räume. In: Gleichwertigkeit der Lebensverhältnisse - auch bei abnehmender Bevölkerung? Materialien zum Siedlungs- und Wohnungswesen und zur Raumplanung, Band 25, Münster 1981, S. 87; *BfLR u. Deutscher Landkreistag* (Hrsg.), Ziele und Wege ..., a.a.O., S. 11-1 ff.

finanzpolitischen Modifikationen.

Neben der Kritik an den verschiedenen agglomerations- bzw. konzentrationsorientierten Politikansätzen lassen sich für die Vorschläge zur Konzeptionalisierung einer dezentralen, wohnortnahen Infrastrukturpolitik zusätzliche Ausgangsmomente benennen: die infolge der Bevölkerungsentwicklung verschärfte und sich zukünftig weiter verschärfende Tragfähigkeitsproblematik infrastruktureller Einrichtungen in den ländlichen, schwach besiedelten Regionen, die sich einengenden Finanzierungsspielräume für öffentliche Investitionstätigkeiten und - last not least - die Versuche der fachplanerischen Konkretisierung einer endogen orientierten Regionalpolitik.

Die für diese dritte Konzeptionsvariante einer problem- und zielgemäßen Infrastrukturpolitik charakteristische Problematisierung des Erreichbarkeitsaspektes findet ein theoretisches Fundament in der Aktionsraumforschung bzw. in der time-geography. Von HÄGERSTRAND und Mitarbeitern zur Deskription und Analyse zeiträumlicher Aktivitäten von Individuen konzipiert[77], gewinnt dieser entscheidungstheoretische Forschungs- und Planungsansatz seit seiner Rezeption innerhalb der Raumforschung zusehends Beachtung[78].

[77] Vgl. *T. Hägerstrand*, Das Raum-Zeit-Modell und seine Verwendung bei der Bewertung von Verkehrssystemen. In: Der öffentliche Sektor, H. 2, 1976, S. 8 ff; *T. Carlstein u.a.*, (Hrsg.), Human Activity and Time Geography. London 1978; *B. Lenntorp*, Paths in space-time environments. A time-geographic study of movement possibilities of individuals. Lund, 1976,; *L.D. Burns*, Transportation, temporal and spatial components of accessibility. Lexington and Toronto 1979.

[78] Vgl. *G. Stiens*, Neue Ansatzpunkte ..., a.a.O., S. 244; *H. Dürr*, Planungsbezogene Aktionsraumforschung - Theoretische Aspekte und eine empirische Pilotstudie - ARL, Beiträge Bd. 34, Hannover 1979; *D. Klingbeil*, Aktionsräume im Verdichtungsraum. Zeitpotentiale und ihre räumliche Nutzung. Münchener Geogr. Hefte 41, Regensburg 1978; *T. Kaster, D. A. Lammers*, Ausgewählte Materialien zur Zeitgeographie. Karlsruher Manuskripte zur Mathematischen und Theoretischen Wirtschafts- und Sozialgeographie 35, Karlsruhe 1979; kritisch dazu: *G. Beck*, Der verhaltens- und entscheidungstheoretische Ansatz. In: *P. Sedlacek* (Hrsg.), Kultur-/Sozialgeographie, Paderborn 1982, S. 55 - 92.

Gestützt auf das zeitgeographische bzw. aktionsräumliche Theoriekonzept wird denn auch eine konkretere inhaltliche Interpretation des Leitziels einer ausgeglichenen Infrastrukturversorgung in die fachwissenschaftliche Diskussion eingeführt. So impliziert dies Ausgleichspostulat nach Auffassung von STIENS, "daß jedem Haushalt bei der Aufstellung seines Tagesprogramms ermöglicht wird, die Einzeltätigkeit in Zeit und Raum so zu plazieren (d.h. den Geamtzeitaufwand in jenem Rahmen zu halten), daß ein Mindeststandard an individueller Entscheidungs- und Wahlfreiheit erhalten bleibt"[79]. Wenngleich dem Mindeststandard noch eine klare Abgrenzung fehlt, geht diese Interpretation doch weit über das herkömmliche Zielverständnis hinaus, das der raumordnungspolitischen Forderung nach zumutbaren Erreichbarkeitsverhältnissen durch die normative Vorgabe von maximal zulässigen Zeitaufwendungen zur Distanzüberwindung, differenziert nach den verschiedenen infrastrukturellen Bedarfsstufen, gerecht zu werden versucht.

Betrachtet man abschließend die dargestellten infrastrukturpolitischen Konzepte unter dem Aspekt der ihnen seitens der amtlichen Raumordnungspolitik und der Raumwissenschaften zum heutigen Zeitpunkt beigemessenen Relevanz, so spiegeln sich auf dieser fachplanerischen Ebene natürlich die mit Blick auf die übergeordneten raumordnungspolitischen Ziel- und Strategiekonzeptionen bereits konstatierten Schwerpunktsetzungen wider. Eindeutig übewiegt die Auseinandersetzung mit der ausgleichsorientierten Infrastrukturpolitik. Nur vereinzelt werden Überlegungen zu infrastrukturbezogenen Zielen und Handlungsmöglichkeiten angestellt, die eine Umsetzung der Planungskonzeption großräumiger Vorranggebiete beabsichtigen.

Parallel zur Diskussion regionaler Entwicklungsstrategien zeichnet sich auch in der Frage, welchem der verschiedenen, auf die Realisierung des Ausgleichsziels ausgerichteten infrastrukturellen Politikansätze die größte Aussicht auf eine Lösung der bestehenden und zukünftigen Versorgungsprobleme in den ländlichen Teilräumen

[79] *G. Stiens*, Neue Ansatzpunkte ..., a.a.O., S. 249.

zugesprochen werden kann, ein Meinungstrend zugunsten dezentraler, regionsspezifisch differenzierter Lösungswege ab. Indizien dafür sind einerseits das derzeitige Übergewicht wissenschaftlicher Publikationen, die solche Konzepte propagieren, andererseits die wachsende Bereitschaft zu Anwendung dezentraler Konzeptelemente auf politisch-planerischer Ebene[80].

Unter Berücksichtigung der sich abzeichnenden konzeptionellen Akzentverschiebung in der jüngeren infrastrukturpolitischen Diskussion erscheint es angebracht, sich im folgenden auf die letztgenannte Denkrichtung zu konzentrieren und diese hinsichtlich ihres gegenwärtigen Entwicklungsstandes näher zu analysieren.

3.3 Ansätze einer Politik der dezentralen, wohnortnahen Infrastrukturversorgung

3.3.1 Übersicht

Die gegenwärtig diskutierten Strategien und Instrumente für eine dezentrale, wohnortnahe Infrastrukturversorgung in den ländlichen Regionen, deren Bevölkerung sich zu einem nicht unbeachtlichen Teil über zahlreiche kleine Siedlungsstandorte mit bereits geringen und zukünftig möglicherweise noch weiter reduzierenden Einwohnerzahlen verteilt, erstrecken sich über ein recht umfangreiches Spektrum. Nicht zuletzt resultiert dies aus dem spezifischen Denkansatz der jüngsten konzeptionellen Richtung in der Infrastrukturpolitik, demzufolge keine pauschalen Patentrezepte, sondern nur differenzierte, den räumlichen und sachlichen Strukturbesonderheiten angepaßte Maßnahmen eine trotz problematischer Rahmenbedingungen zieladäquate Versorgung der gesamten Bevölkerung sicherstellen können.

Versucht man, die vorgeschlagenen und partiell bereits in der Pla-

[80] Zur Einschätzung der aktuellen Diskussion vgl. *G. Stiens*, Stoßrichtungen für die Regionalpolitik, a.a.O., S. 210 ff; *S. Hartke*, Eigenständige Regionalpolitik ..., a.a.O., S. 88.

nungspraxis realisierten Maßnahmen zu strukturieren, läßt sich zunächst eine Grobdifferenzierung zwischen jenen vornehmen, die auf eine Neugestaltung infrastruktureller Organisationsformen abzielen, und jenen, deren Funktion zwar in der Unterstützung einer effektiven Infrastrukturpolitik besteht, die prinzipiell aber nicht ressortspezifischer Natur sind; sei es, daß sie anderen Politikbereichen zugehören, sei es, daß sie als fachpolitisch übergreifende Elemente einer endogen orientierten Regionalpolitik verstanden werden können. Hinsichtlich der ersten Maßnahmengruppe liegen in der jüngeren Literatur bereits systematische Darstellungen vor. Abbildung 2 veranschaulicht eine von BURBERG erstellte Systematisierung von Möglichkeiten zur Verbesserung und Sicherung einer nutzernahen Versorgung der Bevölkerung in den Sektoren der linienhaften Band- und punkthaften Infrastruktur[81].

Speziell für den letztgenannten Sektor findet sich eine Zusammenstellung und Erörterung infrastrukturbezogener Maßnahmen organisatorischer Art bei STIENS. Dort werden zur Ausräumung von Raum-Zeit-Divergenzen auf dem Gebiet der Versorgung folgende "Organisationsgrundeinheiten bzw. -module" diskutiert[82]:

- Mehrzwecknutzung von Infrastruktursachkapital
- Mobilisierung personeller Infrastruktur
- Mobilisierung materieller Infrastruktur
- Dezentralisierte Konzentration materieller und personeller Infrastruktur.

Diesen organisatorischen Maßnahmen steht als zweiter Komplex infastrukturrelevanter Handlungsmöglichkeiten ein weiteres Bündel von "Bausteinen" und "instrumentellen Aspekten" gegenüber, die in der jüngeren Literatur als unabdingbare Voraussetzungen und/oder flankierende Elemente einer effektiven Infrastrukturpolitik diskutiert werden.

[81] *Vgl. P.-H. Burberg*, Neue Organisationsformen..., a.a.O., S.90.
[82] Vgl. *G. Stiens,* Neue Ansatzpunkte ..., a.a.O., S. 251.

Abb. 2: Neue Organisationsformen der Infrastruktur

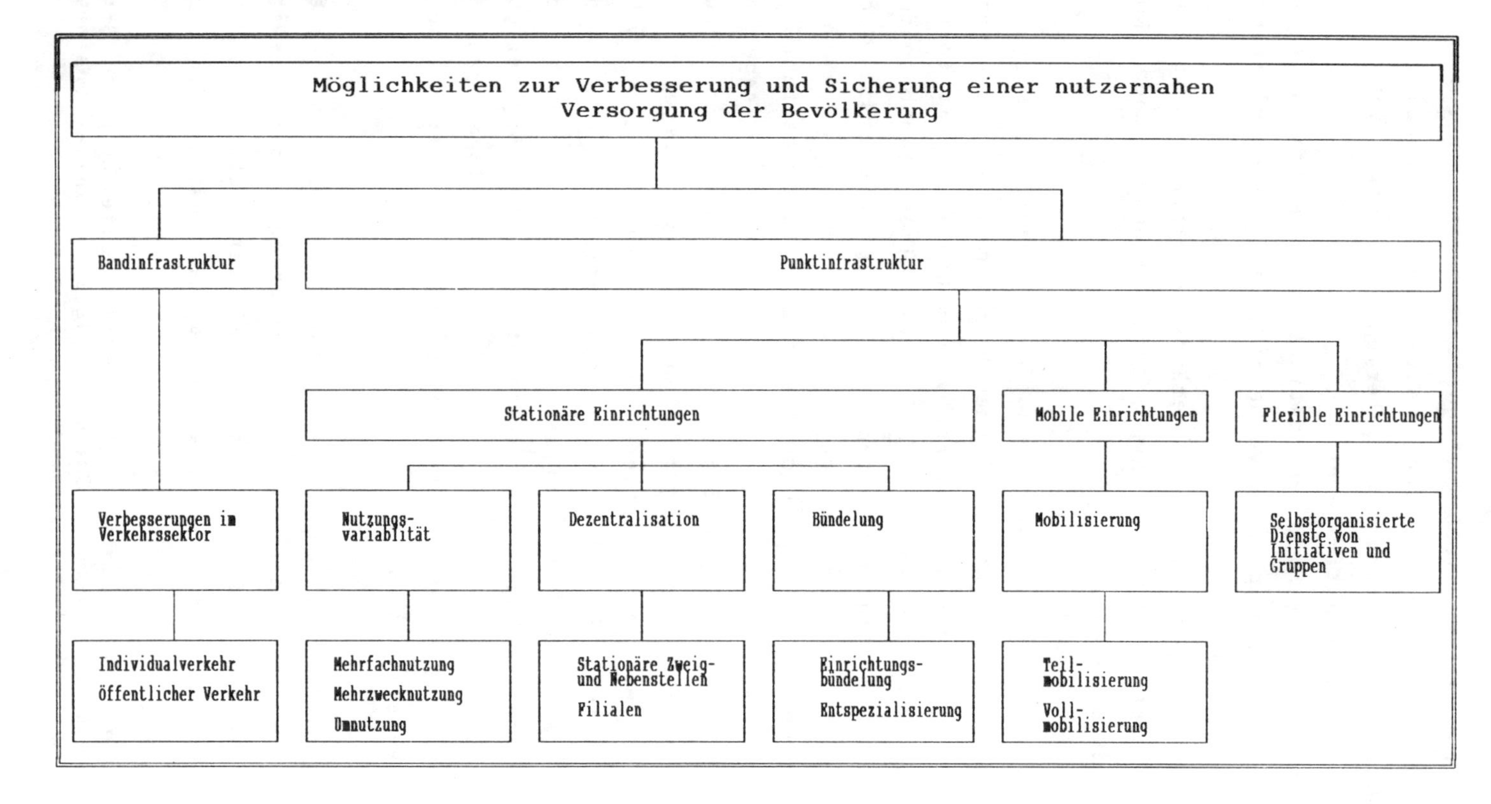

Quelle: *P.-H. Burberg*, Neue Organisationsformen..., a.a.O., S. 90.

Die wesentlichen Maßnahmen dieser Kategorie beziehen sich auf

- die Modifizierung und Erweiterung bestehender finanzpolitischer Verfahrensmodalitäten und Regularien hinsichtlich infrastrukturpolitischer Aktivitäten,
- die regionale Differenzierung der institutionellen Infrastruktur,
- die Ausgestaltung einer planungsvorbereitenden und -begleitenden Informationspolitik und
- die Entwicklung und Unterstützung veränderter infrastruktureller Organisationsformen durch neue Informations- und Kommunikationstechnologien.

Der Stand des fachwissenschaftlichen und politischen Diskussionsprozesses um die einzelnen Instrumente und Maßnahmen innerhalb der beiden Handlungsfelder ist äußerst unterschiedlich weit fortgeschritten. So befindet sich ein Teil der Vorschläge - insbesondere hinsichtlich des zweitgenannten Komplexes - zur Zeit erst in der Phase theoretischer Vorüberlegungen; oftmals mangelt es noch an ausreichender Konkretisierung und Operationalität, besteht bei einigen Einzelmaßnahmen noch kein Konsens in der Frage des jeweiligen Wirkungsgrades (so beim Einsatz neuer Technologien). Dagegen haben andere der angeführten Maßnahmen bereits das Anwendungsstadium erreicht; entweder werden sie derzeit schon bundesweit realisiert (z. B. im organisatorischen Bereich die Mobilisierung verschiedener Infrastrukturleistungen oder die regionale Differenzierung von institutionellen Vorgaben im Schulsektor), oder im Rahmen von Modellvorhaben regional begrenzt getestet (wie beispielsweise bei diversen verkehrspolitischen Versorgungskonzepten).

Ausführliche Wirkungsanalysen, denen etwa Analyse- und Bewertungskriterien wie Erreichbarkeitsverbesserung, betriebswirtschaftliche Effizienz und Akzeptanz[83] bei den betroffenen Bevölkerungsgruppen zugrunde liegen, stehen allerdings für den Groß-

[83] Zur Ableitung von Beurteilungskriterien alternativer Organisationsformen vgl. *P.-H. Burberg,* Neue Organisationsformen ..., a.a.O., S. 101 ff.

teil der Maßnahmenvorschläge noch aus oder müssen weiter vertieft werden. Um die überblickartige Skizzierung des Instrumenten- und Maßnahmensets einer dezentralen, wohnortnahen Infrastrukturpolitik sowie die pauschale Bewertung des aktuellen Forschungsstandes etwas zu präzisieren, werden im folgenden die genannten instrumentellen Ansatzpunkte hinsichtlich ihrer Intention und Gestaltung kurz beschrieben, ohne dabei jedoch näher auf die instrumentellen Details, spezifischen Anwendungsprobleme und Wirkungszusammenhänge einzugehen sowie den theoretischen wie praktischen "Ausreifungsgrad" zu überprüfen. Die vorrangige und im Vergleich zu den übrigen Handlungsvorschlägen intensivere Abhandlung des Instrumentariums zur Mobilisierung der Infrastruktur und der verkehrspolitischen Maßnahmen begründet sich, wie eingangs bereits erwähnt, mit einer vorgegebenen Schwerpunktsetzung durch den Auftraggeber dieser Studie.

3.3.2 Mobilisierung von Infrastruktur

Mobilisierung von Infrastruktur ist zu verstehen als eine Angebotsform, bei der infrastrukturelle Leistungen - Dienste und/oder Produkte - temporär befristet an die Leistungsempfänger herangeführt werden. Ziel dabei ist, distanziell begründete Versorgungsengpässe zu überwinden, die eine flächenhafte Versorgung in bestimmten Zielgebieten einer Region erschweren bzw. verhindern.

Aufgrund ihrer räumlich dispersen Angebotsstruktur, die sich an den Wohnstandorten/-plätzen der Nachfrager orientiert, rückt die mobile Infrastruktur in die Nähe von Versorgungssystemen[84]. Die

[84] Nur gelegentlich findet sich in der Literatur die konsequente begriffliche Trennung von Besorgungs- und Versorgungssystemen. Leistungen des ersten Systems werden zentral erstellt und angeboten; Versorgungsleistungen erfolgen dagegen direkt am Wohnstandort/-platz des Leistungsempfängers. Vgl. *W. Köhl u. G. Lammers,* Standorte und Flächenbedarf von öffentlichen Versorgungseinrichtungen. Manuskript für die Abschlußveranstaltung des Schwerpunktprogramms "Regionalforschung und Regionalpolitik" der Deutschen Forschungsgemeinschaft am 26.04.1979 in Bonn. Reutlingen/Karlsruhe, 1979, S. 3 ff.

Möglichkeiten zur Mobilisierung ehemals stationärer Einrichtungen sind vielfältig, da sie sowohl im materiellen wie im personellen Bereich erfolgen und verschieden kombiniert werden können. Das breite Formenspektrum wurde bereits in ersten umfangreichen Studien systematisiert und partiell auf Ursachen, Rahmenbedingungen und Wirkungsweisen analysiert[85]. So zeigt Abbildung 3 eine von BURBERG durchgeführte Typisierung mobiler Infrastruktur nach den Kriterien Mobilitätsgrad und Größe des Angebotsraumes mit einigen konkreten Beispielen[86].

Zahlreiche der unterschiedlichen Mobilitätsformen infrastruktureller Einrichtungen werden gegenwärtig in ländlichen, aber auch städtischen Gebieten praktiziert. Für andere im Bundesgebiet noch nicht angewandte Mobilitätsmöglichkeiten liegen Erfahrungen aus dem Ausland vor. Unter Einbezug dieser praktischen Erfahrungen kommen die bisherigen Analysen zu folgenden wesentlichen Resultaten[87]:

- Mobile Einrichtungen reduzieren die Probleme der infrastrukturellen Unterversorgung, beseitigen diese jedoch nicht.
- Das temporär befristete Leistungsangebot mit oft eng begrenzten Angebotszeiten schränkt den individuellen Handlungsspielraum der Leistungsempfänger weit mehr ein als stationäre Einrichtungen mit meist ganztägigen Öffnungszeiten.
- Mobile Infrastruktur eignet sich vornehmlich zur Deckung des Grundbedarfs.
- Mobile Versorgungsformen stellen keine gleichwertige Alternative zu leistungsfähigen stationären Einrichtungen dar; sie sind insofern als Instrumente einer "Sparstrategie" ungeeignet.

---

[85] Vgl. *P.-H. Burberg,* Mobile Versorgung in dünnbesiedelten ländlichen Räumen. Kurzberichte zur Landes- und Stadtentwicklungsforschung 4/82, Dortmund 1982; *Forschungsprojekt* "Flexible Infrastruktur" des Forschungsinstituts der Friedrich-Ebert-Stiftung; *R. Kolck,* Nahversorgung durch Verkaufswagen in ländlichen Gebieten Niedersachsens: "Nostalgische Idylle" oder notwendige Alternative? In: N. Arch.f. Nds., Bd. 30, H. 4, 1981, S. 436 - 443.

[86] Vgl. *P.-H. Burberg*, Mobile Versorgung ..., a.a.O., S. 11.

[87] Vgl. zum folgenden insbesondere *P.-H. Burberg*, Mobile Versorgung ..., a.a.O., S. 37.

Abb. 3: Typisierung mobiler Einrichtungen

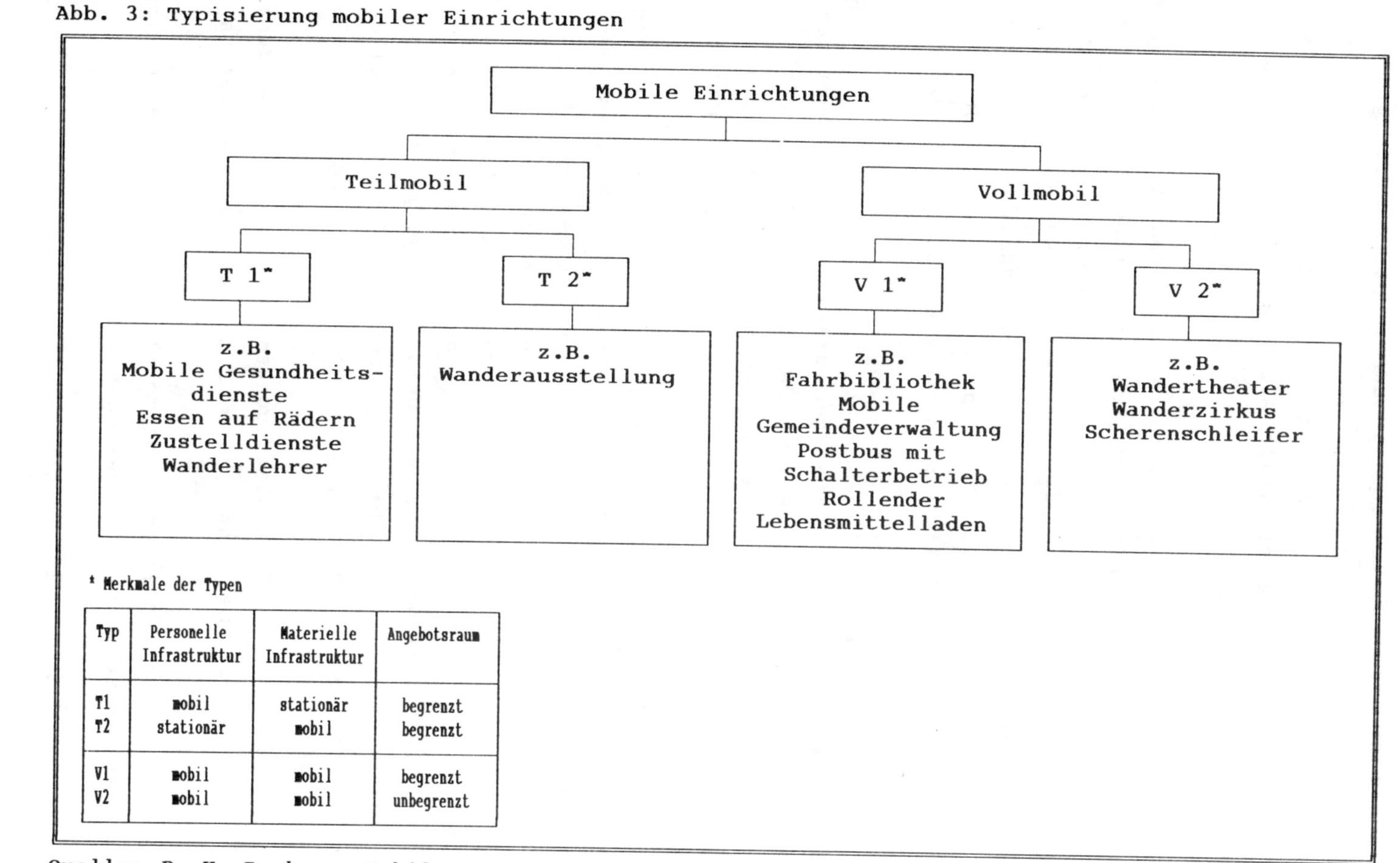

* Merkmale der Typen

Typ	Personelle Infrastruktur	Materielle Infrastruktur	Angebotsraum
T1	mobil	stationär	begrenzt
T2	stationär	mobil	begrenzt
V1	mobil	mobil	begrenzt
V2	mobil	mobil	unbegrenzt

Quelle: *P.-H. Burberg*, Mobile Versorgung..., a.a.O., S. 11.

- Die Akzeptanz der mobilen Versorgung scheint bei den Zielgruppen der Bevölkerung gewährleistet.
- Die mobile Infrastruktur scheint unter betriebswirtschaftlichen Kostengesichtspunkten eine sinnvolle Alternative zur stationären Infrastruktur darzustellen.

Die vorsichtige Formulierung der letzten Aussagepunkte indiziert jedoch, daß die bisherigen Analysen und Erfahrungen noch nicht ausreichen, definitive Aussagen über die Beschaffenheit dieses infrastrukturpolitischen Instruments zu treffen. Wichtige Aspekte erfordern vielmehr noch intensivere Untersuchungen. Insbesondere gilt dies für die angedeutete Kostenfrage wie für die Akzeptanzproblematik. So stellen sich konkret dazu und darüber hinausgehend folgende Fragen:

- Von welchen Bevölkerungsgruppen werden die bereits eingesetzten mobilen Infrastruktursysteme beansprucht? Läßt sich die bislang angedeutete Akzeptanz bei den Zielgruppen bestätigen und kann von einer mittel- und langfristig gesicherten Nachfrage ausgegangen werden?
- Für welche Infrastrukturbereiche eignen sich mobile Versorgungssysteme prinzipiell; welche technischen, betrieblichen, personellen und finanziellen Ausstattungen (Dimensionen) sind möglich und für eine ausreichende Versorgung erforderlich?
- Welche Vor- und Nachteile - unter Angebots-, Nachfrage- und Kostenaspekten - bieten mobile Versorgungsformen zum einen gegenüber traditionellen Infrastrukturversorgungsarten, zum anderen gegenüber den übrigen neuen infrastrukturellen Organisationsformen (dezentrale, gebündelte und nutzungsvariable Einrichtungen)?
- Welche institutionellen Rahmenbedingungen hemmen die Anwendung mobiler Systeme, welche sind für die praktische Durchsetzung erforderlich?
- Welche Möglichkeiten der Integration mobiler Versorgungsformen in ein optimales "Instrumentenmix" bestehen?

3.3.3 Verkehrspolitische Maßnahmen

Die Diskussion um eine Verkehrspolitik, welche sich konkret um eine Verbesserung der Zugangsmöglichkeiten der ländlichen Bevölkerung zu infrastrukturellen Einrichtungen bemüht, ist zu sehen im Kontext einer umfassenden Auseinandersetzung um die inter- und intraregionalen Verkehrsprobleme in ländlichen Regionen, die seit mehr als 10 Jahren mit zunehmender Intensität geführt wird. Auslösendes Moment für die Beschäftigung speziell mit dem Versorgungsverkehr, der die Verkehrsprozesse zwischen den Wohnstätten der Bevölkerung und den Standorten der "Besorgungseinrichtungen" umfaßt, war weniger die Problematik der demographischen Prozesse - auch wenn sie einen verstärkenden Problemfaktor darstellen - als vornehmlich die spezifische Verkehrsproblematik ländlicher Räume: Der herausragenden Bedeutung des Individualverkehrs, der sich der dispersen Struktur von Wohn-, Arbeits- und Infrastrukturstandorten weit besser anpaßt als der öffentliche Personenlinienverkehr, steht eine nur geringe Nachfrage nach öffentlichen Verkehrsleistungen gegenüber. Die Folge war und ist ein betriebswirtschaftlich begründeter Rückzug des öffentlichen Personennahverkehrs (ÖPNV) aus der Fläche, der aber gerade - in Kombination mit der verstärkten Zentralisierung infrastruktureller Einrichtungen - die immobilen, distanzempfindlichen und einkommensschwachen Bevölkerungsgruppen benachteiligt[88]. Ein weiteres Problem wird zudem in der Zersplitterung des allgemeinen Linienverkehrs in verschiedene Teilverkehre (Sonderverkehr, freigestellter Schüler-

[88] Vgl. zur Situationsanalyse von vielen: *M. Schulz-Trieglaff*, Verkehrserschließung im ländlichen Raum durch den öffentlichen Personennahverkehr. In: Bundesbaublatt, H. 3, 1985, S. 126 - 129; *J. Deiters*, Nahverkehr in zentralörtlichen Bereichen des ländlichen Raumes. In: F.J. Kemper u.a. (Hrsg.), Geographie als Sozialwissenschaft. Colloquium Geographicum, Bd. 18, Bonn 1985, S. 303 - 349; *G.W. Heinze u.a.*, Verkehrsverhalten und verkehrsspezifische Ausstattungsniveaus in ländlichen Räumen. ARL, Abhandlungen, Bd. 78, Hannover 1980.

verkehr, Gelegenheitsverkehr) gesehen[89]. Als Resultat der auf diese Problematik gerichteten Auseinandersetzung liegen neben Erkenntnissen über das spezifische ländliche Verkehrsverhalten verschiedene Konzeptions- und Strategievorschläge sowie ein umfangreiches Instrumentarium vor[90]. Die Maßnahmenvorschläge nehmen dabei hauptsächlich Bezug auf den ÖPNV, richten sich aber auch auf den Individualverkehr sowie auf den Bereich des sog. "Paratransits", unter dessen Begriff unkonventionelle "Mischformen des Personenverkehrs zwischen dem Individualverkehr auf der einen und dem konventionellen fahrplangebundenen Linienverkehr auf der anderen Seite"[91] subsumiert werden.

In nachfolgender Abbildung sind für die drei Bereiche einige der wesentlichen Instrumente zusammengestellt. Hinsichtlich ihrer konkreten Ausformung, Anwendungsprobleme, Wirkungsweisen und Kombinationsmöglichkeiten kann wiederum auf ausführliche Darstellungen in der Literatur verwiesen werden.

Zur Zeit finden zahlreiche Instrumente im Bundesgebiet im Rahmen von Modellversuchen Anwendung. So wird das Konzept des Hohenlohe-

---

[89] Vgl. u.a. *G. W. Heinze u.a.*, Verkehr im ländlichen Raum. ARL, Abhandlungen, Bd. 82, Hannover 1982, S. 52 ff; *D. Kanzlerski*, Räumlich-funktionale Verflechtungen und öffentliche Personennahverkehrsversorgung im ländlichen Raum: Probleme und Lösungsansätze. Diss. Bonn 1983.

[90] Neben der bisher genannten Literatur vgl. die Beiträge *BfLR*, Themenheft öffentlicher Personennahverkehr im ländlichen Raum, Informationen zur Raumentwicklung, H. 10, 1981; *ARL*, Verkehrspolitik - Raumordnung - Regionalplanung. Regionalplanertagung 1982 vom 5. bis 7. Mai 1982 in Überlingen, Arbeitsmaterial Nr. 64, Hannover 1983; *J. Neidhardt, K. Krautter*, Möglichkeiten zur Sanierung des öffentlichen Personennahverkehrs in verkehrsschwachen ländlichen Räumen. Abschlußbericht zum Forschungsauftrag des Bundesministers für Verkehr, Kommunalentwicklung Baden-Württemberg, 1976. 2 Bände (als Mauskript vervielfältigt); *G. Schild*, Planungsstrategien für den öffentlichen Personenverkehr unter veränderten siedlungsstrukturellen und demographischen Rahmenbedingungen, Düsseldorf 1981.

[91] *G.W. Heinze*, Verkehr im ländlichen Raum, a.a.O., S. 382.

Abb. 4: Verkehrspolitische Instrumente für ländliche Räume

ÖPNV	Individualverkehr	Paratransit
Kooperative Verbesserung (mögliche Kooperationsstufen: Tarifgemeinschaft, Verkehrsgemeinschaft, Verkehrsverbund, Fusion)	Verbesserung des Straßennetzes	Bedarfsgesteuerte Bussysteme
Integration der Sonderverkehre in den allgemeinen Linienverkehr	Staatliche Fördermaßnahmen (Bsp.: Reduzierung der Kraftfahrzeugsteuer oder der Mineralölsteuer für die Bevölkerung in verkehrsungünstigen Gebietslagen)	Taxi-ähnliche Angebotsformen im öffentlichen Verkehr
Integrierte Personen- und Güterbeförderung		
Verbesserungen in der betrieblichen Zusammenarbeit verschiedener Verkehrsbetriebe (Bsp: Aufhebung der Bedienungsverbote von Parallelverkehren, Koordination von Fahrplänen)		Fahrgemeinschaften
Maßnahmen zur Attraktivitätssteigerung (Bsp: nachfrageorientierte Verbesserungen der Netz- und Haltepunktstruktur; Reduzierung der Umsteigenotwendigkeit, Vergrößerung der Fahrtenhäufigkeiten etc.)		
Beteiligung der Landkreise an der Aufstellung der Nahverkehrspläne		

Modells[92] derzeit auf andere Kreise (z. B. in den Landkreisen Dithmarschen, Nordfriesland, Schleswig-Flensburg des Landes Schleswig-Holstein) zu übertragen versucht. Modellversuche zur Integration des Schülerverkehrs in den allgemeinen Linienverkehr werden in den Landkreisen Bernkastel-Wittlich und Kaiserslautern durchgeführt[93]. Erfahrungen mit den verschiedenen Angebotsformen des Paratransits liegen vor allem aus dem benachbarten Ausland vor; doch werden erste Versuche auch bereits in Deutschland durchgeführt (z. B. Rufbus-System von Dornier im Raum Friedrichshafen, Bodenseekreis)[94]. Generell ist festzustellen, daß die organisatorisch-instrumentelle Ausgestaltung der verschiedenen Verkehrskonzepte - insbesondere für den ÖPNV - sehr weit fortgeschritten ist. Grundsätzliche Probleme bestehen dagegen im rechtlichen und finanziellen Bereich. So werden Möglichkeiten einer Novellierung des Personenbeförderungsgesetzes vor allem hinsichtlich konzessionsrechtlicher Bestimmungen diskutiert, die gegenwärtig eine allgemeine praktische Durchsetzung verschiedener Modellkonzepte verhindern. Daneben stellen sich Fragen nach geeigneten finanziellen Förderstrategien und planungstechnischen Hilfestellungen, um den Gebietskörperschaften eine Umsetzung des Instrumentariums zu ermöglichen. Gelten derartige Fragen auch für den Bereich des Paratransits, so besteht hierfür sowohl hinsichtlich konkreter Gestaltungsaspekte auf instrumentell-organisatorischer Ebene wie auch hinsichtlich von Wirkungsanalysen ein zusätzlicher Forschungsbedarf.

---

[92] Vgl. zur Modellkonzeption: *H. H. Kownatzki*, Nahverkehrsmodell Hohenlohekreis, in: Informationen zur Raumentwicklung, H. 10, 1981; *Bundesminister für Verkehr* (Hrsg.), Das Nahverkehrsmodell Hohenlohekreis als Modellfall für den öffentlichen Personenverkehr - ÖPNV - in der Fläche. Ein Zwischenbericht nach 2 Jahren, Modellversuch. Schriftenreihe des BMV, H. 63, Bonn 1982.

[93] Vgl. *G.W. Heinze u.a.*, Verkehr im ländlichen Raum, a.a.O., S. 373; *J. Deiters, u.a.*, Verkehrsverhalten im ländlichen Raum. Begleituntersuchung zum Modellversuch Integration der Schülerbeförderung in den ÖPNV. Landkreis Bernkastel-Wittlich/Rheinland-Pfalz. OSG-Materialien, Nr. 2, Osnabrück 1984.

[94] Vgl. *G. W. Heinze u.a.*, Verkehr im ländlichen Raum, a.a.O., S. 382 ff.

3.3.4 Organisatorische Veränderungen im Bereich der stationären Infrastruktur

Überlegungen zu Veränderungen herkömmlicher Organisationsformen im Bereich der stationären Infrastruktur basieren auf der vorrangigen Absicht, die derzeit in den ländlichen Regionen dominierenden Organisationsstrukturen mit ihren zu weitmaschigen Standortnetzen öffentlicher wie privater Versorgungseinrichtungen, der unzureichenden Funktionsheterogenität und der oftmals mangelhaften verkehrsmäßigen Verknüpfung (wieder) benutzerfreundlicher zu gestalten.

Dabei geht es nicht allein um die Reduzierung der räumlichen Distanzen zwischen den Wohn- und Angebotsstandorten, sondern zudem um eine infrastrukturelle Angebotsform, welche das Zeitbudget der Individuen bzw. Haushalte mit ihren differierenden handlungsbezogenen Zwängen für die Durchführung eines Programmes notwendiger Versorgungsaktivitäten in einem möglichst geringen Maße strapaziert.

Eine solche Zielfunktion, die angebotsseitig als Nebenbedingungen betriebswirtschaftliche Effizienzkriterien ebenso wie Aspekte einer ausreichenden strukturellen Differenzierung des Versorgungsangebotes zu berücksichtigen hat, liegt insbesondere den Maßnahmenvorschlägen zugrunde, die sich um eine Verbesserung der räumlich-funktionalen Organisationsformen im Infrastrukturbereich bemühen. Die Verbesserungsmöglichkeiten liegen im wesentlichen in der

- Dezentralisierung infrastruktureller Angebotsstandorte,
- Flexibilisierung der Nutzungsformen infrastruktureller Einrichtungen,
- Bündelung von Infrastrukturleistungen,
- Entspezialisierung im personellen Bereich.

Ein weiteres, vornehmlich mit Bezug auf die stationäre Infrastruktur diskutiertes organisatorisches, aber nicht räumlichfunktionales Instrument besteht zudem in der Modifizierung der Trägerschaft.

Die Dezentralisierung[95] der infrastrukturellen Leistungen in den ländlichen Regionen kann gleichsam als Leitlinie des jüngsten infrastrukturbezogenen Politikkonzeptes verstanden werden. Mit ihr wird versucht, die räumlichen Distanzen zwischen den Wohnplätzen und infrastrukturellen Angebotsstandorten zu reduzieren, die vor allem infolge der Konzentrationsprozesse in der jüngeren Vergangenheit für die distanzempfindlichen Bevölkerungsgruppen (jüngere und ältere Personen ohne bzw. mit eingeschränkter PKW-Verfügbarkeit) in den peripheren Klein- und Kleinstwohnorten diskriminierende Dimensionen angenommen haben.

Jedoch sind der Intention, die infrastrukturellen Güter und Dienstleistungen über ein feinmaschiges Netz von Angebotsstandorten möglichst nah an die Nachfrager heranzuführen und somit die Zeit-Kosten-Aufwendungen für alle Nutzergruppen im erträglichen Ausmaß zu halten, aufgrund der nicht zu vernachlässigenden Kriterien der zulässigen Mindestgröße einerseits und angesichts des für ländliche Regionen typischen geringen Nachfragepotentials andererseits äußerst enge Grenzen gesetzt.

Insofern erfordert gerade die Rekonstruktion bzw. Stabilisierung einer dezentralen Versorgungsstruktur mit stationären Einrichtungen

---

[95] Zur Diskussion der nachfolgend behandelten Instrumente vgl. etwa die Übersichten bei: *P.-H. Burberg*, Neue Organisationsformen ..., a.a.O., S. 91 ff; *G. Stiens*, Neue Ansatzpunkte ..., a.a.O., S. 49 ff; *J. Uhlmann u.a.*, Wege zur Stabilisierung ..., a.a.O., S. 109 ff; *BfLR und Deutscher Landkreistag*, Ziele und Wege ..., a.a.O., S. 11-1 ff; *W. Schramm u.a.*, Infrastrukturversorgung ... a.a.O., S. 83 ff; *J. Uhlmann*, Strategien zur Stabilisierung der Lebenssituation in ländlichen Peripherieregionen. In: Strategien für den ländlichen Raum. Schriftenreihe der GEWOS e.V., 1980, S. 52 ff; *K. Kentmann*, Nutzungsuntergrenzen ..., a.a.O., S. 50 ff; *Agrarsoziale Gesellschaft e.V.*, Strategien zur Entwicklung peripherer ländlicher Räume. ASG-Materialsammlung, Nr. 144, Göttingen 1980, S. 77 ff.

die Implementation eines Maßnahmenmix, d. h. der Kombination verschiedener organisatorischer Veränderungsmöglichkeiten.

Eine der Alternativen, den problematischen Ausgangsstrukturen in den ländlichen Regionen und den betriebswirtschaftlichen Randbedingungen bei der Realisierung eines dezentralen Standortmusters weitestgehend Rechnung zu tragen, besteht in der Flexibilisierung der Nutzungsmöglichkeiten infrastruktureller Einrichtungen[96].

So lassen sich mittels der drei Instrumente
- Mehrfachnutzung (Nutzung einer Einrichtung für ähnliche Versorgungsfunktionen)
- Mehrzwecknutzung (Nutzung einer Einrichtung für unterschiedliche Daseinsgrundfunktionen)
- Umnutzung (Stillegung einer Nutzungsfunktion zugunsten einer anderen als Folge veränderter Bedarfe)

zum einen über die Reduzierung der Investitions- und laufenden Betriebskosten die Tragfähigkeitsgrenzen bzw. die Mindestgrößen bei verschiedenen Versorgungseinrichtungen senken. Zum anderen ermöglicht das Angebot einer infrastrukturellen Multifunktionalität die Herstellung bzw. Aufrechterhaltung ausreichender qualitativer Anforderungsstandards.

Als bereits praktizierte Beispiele variabler Nutzungsformen sei etwa auf die Schulzentren hingewiesen, die ihre Räumlichkeiten und Ausstattungen außerhalb der Unterrichtszeiten der Erwachsenenbildung, den Sportaktivitäten von Gruppen und Vereinen (Mehrfachnutzung) oder für Vereinsversammlungen (Mehrzwecknutzung) zur Verfügung stellen, kurz, die ihren Funktionsbereich etwa um typische Aufgaben eines Gemeindezentrums erweitern[97].

---

[96] Speziell zu diesem Instrument siehe auch: *G. Cassing u. G. Küppers*, Koordinierte Planung sozialer Infrastruktur. Nutzungs- und Standortkombinationen in Gemeinschaftseinrichtungen. Schriftenreihe Landes- und Stadtentwicklungsforschung des Landes NRW, Band 3.015 ILS, Dortmund 1978.

[97] Vgl. *G. Cassing* u. *G. Küppers*, Koordinierte Planung ..., a.a.O., S. 89 ff.

Auch die Umnutzung infrastruktureller Einrichtungen ist ein schon lange erprobtes Instrument, wenngleich es gerade zu Zeiten intensiver Zentralisierungsbestrebungen in der politischen Praxis nicht unbedingt im Sinne der heute wieder favorisierten Zielvorstellungen eingesetzt wurde. Beispiele dafür sind Dorfschulen, kleinere Krankenhäuser, dezentrale Verwaltungseinrichtungen, die dem veränderten Bildungsdenken, den Rationalisierungsbemühungen oder den kommunalen Neugliederungen zum Opfer fielen und zu Freizeitstätten, Gemeindezentren, Altenpflegeheimen o.ä. umfunktioniert wurden.

Die Vermeidung des grundlegenden Konfliktes zwischen dem Bemühen einer möglichst weitgehenden Dezentralisierung einerseits und den damit verbundenen Risiken einer betriebswirtschaftlichen Unterauslastung und des Unterschreitens qualitativer Mindeststandards andererseits kann wohl als die wesentlichste Intention des Bündelung-Instrumentes verstanden werden.

Formal betrachtet, bedeutet dieses Instrument die räumliche Zusammenfassung von verschiedenen Infrastrukturleistungen zu einem sog. Verbundsystem, das sich in seinen räumlichen Dimensionen sowohl auf das Gebiet einer Gemeinde, eines Ortes oder Ortsteiles erstrecken als auch auf ein Gebäude bzw. einen Gebäudekomplex begrenzen kann.

In seiner praktischen Umsetzung verbindet sich mit der Bündelung in Einzelfällen durchaus die Schließung dispers lokalisierter Einrichtungen, ein Prozeß, der vom Ansatz her der grundlegenden Dezentralisierungsabsicht zuwiderläuft.

Daß die angebotsseitig bedingte dezentrale Konzentration von Infrastruktureinrichtungen dennoch nicht zur weiteren Diskriminierung der Bevölkerungsgruppen in den peripher gelegenen Wohnstandorten führen muß, indem es möglicherweise die Erreichbarkeitsverhältnisse partiell verschlechtert, resultiert daraus, daß die Verbundsysteme die Durchführung von Mehrzweckbesorgungen, sog. Koppelungsaktivitäten, gewährleisten, und insofern über die

Möglichkeit der Befriedigung unterschiedlicher Bedarfe "in einem Gang" zur Verringerung der dafür erforderlichen Zeit-Kosten-Aufwendungen für die Nutzer beitragen[98]. Zudem ist die Implementation von Verbundsystemen an kleineren zentralen Orten mit Maßnahmen zur Verbesserung der innerregionalen Verkehrsverbindungen zu begleiten.

Eine zusätzliche Kombination mit dem Instrument der Entspezialisierung im personellen Infrastrukturbereich bietet sich insbesondere bei der Bündelung verschiedenartiger Versorgungsangebote innerhalb einer Einrichtung an. Die auch als Job-Kombination bezeichnete Maßnahme impliziert konkret eine Multifunktionalität der Beschäftigung, indem das Personal einer stationären bzw. mobilen Infrastruktureinrichtung mehrere Dienstleistungen unterschiedlicher Versorgungsbereiche ausübt. Das klassische Beispiel dafür ist jener Einzelhändler, der in seinem Lebensmittelgeschäft zusätzlich postalische Dienstleistungen (Verkauf von Wertzeichen, Annahme von Postsendungen etc.), bibliotheksbezogene Aufgaben (Ausleihe von Büchern) oder die Versorgung mit Medikamenten anbietet. Neben der Bündelung infrastruktureller Leistungen und der Job-Kombination enthält das Fallbeispiel ein drittes organisatorisches Instrument, die Modifizierung der Trägerschaft. Handelt es sich in diesem Falle um die Privatisierung vormals öffentlicher Dienstleistungen als notwendige Voraussetzung für ein gebündeltes Infrastrukturangebot, so ist aber auch ein entgegengesetzter Wechsel der Trägerschaft denkbar; etwa wenn staatliche Institutionen zur Aufrechterhaltung einer Mindestversorgung die von Privaten aufgrund zu hoher Kosten und Risiken eingestellten Versorgungsleistungen in ihre Aufgabenkompetenzen übernehmen. Weitere Möglichkeiten, die Trägerschaft zum Zwecke der Sicherstellung infrastruktureller Mindesstandards zu verändern, bieten sich zudem für die unterschiedlichen staatlichen Ebenen (etwa die Übernahme kommunaler Aufgaben durch das Land) sowie im parafiskalischen Bereich (z.B.

---

[98] Vgl. dazu und zum grundsätzlichen Problem der Festlegung einer optimalen "Kerngröße" der Dezentralisierung: *G. Stiens*, Neue Ansatzpunkte ..., a.a.O., S. 253.

die erweiterte Ausübung sozialer Dienste durch kirchliche Einrichtungen)[99].

Sind damit die verschiedenen instrumentellen Möglichkeiten organisatorischer Art in ihren Grundzügen skizziert, so soll mit einer von UHLMANN und Mitarbeitern konzipierten Zusammenstellung bereichsspezifischer Infrastrukturlösungen, die als Konkretisierung einer "Strategie der dezentralen Stabilisierung" definiert werden[100], eine systematische Übersicht über potentielle Anwendungsfelder der bisher beschriebenen organisatorischen Handlungsmöglichkeiten gegeben werden. Abbildung 5 stellt eine gekürzte Form dieser Zusammenstellung dar[101].

In der Diskussion um die Praktikabilität und Effizienz der infrastrukturellen Umorganisation wird im überwiegenden Maße ein positives Votum vertreten. Dabei gelten nicht nur die Aspekte der Benutzerfreundlichkeit und der ausreichenden Berücksichtigung betriebswirtschaftlicher Kalküle als entscheidende Begründungskriterien für die geforderte Implementierung des Instrumentensets; auch wird auf positive beschäftigungspolitische Effekte verwiesen, induziert doch ein verstärktes dezentrales Angebot an Infrastrukturleistungen einen erhöhten Personalbedarf im tertiären Wirtschaftssektor[102].

---

[99] Vgl. zu diesen Überlegungen insbesondere *K. Kentmann*, Nutzungsuntergrenzen ..., a.a.O., S. 65.

[100] Vgl. *J. Uhlmann u.a.*, Wege und Strategien ..., a.a.O., S. 167 ff. Zur Diskussion der dort vorgeschlagenen Maßnahmen siehe auch: *U. Hahne*, Regionalentwicklung .., a.a.O., S. 89 ff.

[101] Nicht berücksichtigt wurde in dieser Abbildung die Möglichkeit der Zentralisierung infrastruktureller Versorgungsstandorte.

[102] Vgl. *U. Hahne*, Regionalentwicklung ..., a.a.O., S. 211; *G. Stiens*, Neue Ansatzpunkte..., a.a.O., S. 254.

Abb. 5: Konzepte für die kleinräumige Gestaltung der Infrastrukturversorgung auf Landkreisebene nach 13 Infrastrukturbereichen

Infrastrukturbereiche	Maßnahmen
Kommunalverwaltung (vor allem Kreisverwaltung)	Dezentralisierung durch - "Bürgerbüros" - Mobilisierung mittels "Beratungsbus" - Funktionsbündelung mit der Bundespost - Einsatz von geeigneten Kommunikationstechnologien
Kindergärten	Stabilisierung durch - verbesserte organisatorische Angebotsformen (Vormittags-, Nachmittags-, Ganztagsgruppen)
Grundschule	Stabilisierung durch - modifizierte Organisationsstandards (Einzügigkeit, Mehrjahrgangsklassen) - Kooperation mit Schulen der Nachbargemeinden - Mobilisierung der Lehrkräfte Dezentralisierung durch - Neugründungen
Sekundarstufe I (vor allem Hauptschule)	Stabilisierung durch - veränderte Organisationsformen (Klassenzusammenlegung, Verringerung der Klassenstärke, Abbau der Mehrzügigkeit) - Mobilisierung der Lehrkräfte - Teilmobilisierung der Schüler
Sekundarstufe II (vor allem Berufsschule)	Stabilisierung durch - Kooperation (Spezialisierung auf bestimmte Fachabteilungen, Grundversorgung durch niedergelassene Belegärzte) - Funktionsteilung (Zentralisierung hochwertiger Behandlungen, kleinere Krankenhäuser fungieren als reine Pflegekrankenhäuser, Umwandlung überhängiger Kapazitäten in Alten(pflege)heime)

Fortsetzung Abb. 5:

Ambulante Gesundheitsversorgung	Stabilisierung durch - Öffnung von Ambulatorien der Krankenhäuser Stabilisierung/Dezentralisierung durch - Belegbettensystem (Möglichkeit der Inanspruchnahme von Krankenhausbetten durch niedergelassene Ärzte) - Kooperation von niedergelassenen Ärzten und Gemeindeschwestern bzw. Hebammen Dezentralisierung durch - Zweigstellenpraxen (Zweigstellenpraxen mit einfacher Grundausstattung neben der Hauptpraxis in einer zentralen Ortschaft) - Mobilisierung mittels Versorungsbus des Gesundheitsamtes
Einzelhandel (einschl. Nahrungsmittelhandwerk)	Stabilisierung/Dezentralisierung durch - stationäre Verkaufsstellen mit eingeschränkten Öffnungszeiten u. kombinierten Angeboten (zeitweise Backwaren, zeitweise Fleischwaren u.ä.) - Job-Kombination (Gastronomie/Einzelkandel/Tankstelle) - Mobilisierung mittels Verkaufswagen Dezentralisierung durch - Versand- und/oder Bestellsysteme unter Einsatz neuer Informations- und Kommunikationstechnologien
Reparatur- und Handwerksbranchen	Stabilisierung/Dezentralisierung durch - Sammelstellen mit eingeschränkten Öffnungszeiten; eventuell in Kooperation mit gemeinschaftlich genutzten Verkaufsstellen - Kooperation mit mobiler Versorgung des Einzelhandels

Fortsetzung Abb. 5:

Kreditinstitute	Stabilisierung durch - Job-Kombination ("Bankschalter in Wohnzimmern") - zeitweise besetzte Zweigstellen - Mobilisierung mittels "mobiler Bankschalter" Dezentralisierung durch - Automatisierung und Briefbanken
Bundespost	Stabilisierung durch - Job-Kombination (Posthalterstelle/Einzelhandel/Gastwirtschaft) Dezentralisierung durch - Mobilisierung mittels "Postbus" - Übernahme zusätzlicher Aufgaben (Besorgung von Medikamenten, Formularen)
Gastronomie	Stabilisierung/Dezentralisierung durch - Job-Kombination (Gatronomie/Einzelhandel/Tankwart) - Spezialisierung auf unterschiedliche Benutzergruppen - informelle Kooperation mit der Konkurrenz
Personennahverkehr	Stabilisierung/Dezentralisierung durch - disperses Strecken- und Haltestellennetz - Verbundsysteme - Mitfahrgemeinschaften - Bedarfsbusse - Bedarfstaxen

Quelle: J. Uhlmann u.a., Wege und Strategien..., a.a.O., S. 167 - 189.

Gestützt wird die generell günstige Beurteilung zudem durch ausländische Erfahrungen und Erkenntnisse bezüglich der Anwendung organisatorischer Instrumente in dünnbesiedelten ländlichen Regionen. Beispielsweise hat sich in den skandinavischen Ländern mit deren weitaus problematischeren Siedlungsstrukturen die politische Praxis der Aufrechterhaltung einer dezentralen Schulversorgung, der variablen Nutzung von Schulen als Bürgerhäuser und Versammlungsstätten, der Gründung kleiner, dezentraler Gesundheitszentren, die neben der ärztlichen Grundversorgung zusätzliche Dienstleistungen aus dem Bereich der öffentlichen Verwaltung vorhalten, als ebenso erfolgreich erwiesen, wie die Übertragung staatlicher und weiterer privater Aufgabenbereiche auf den ländlichen Einzelhandel[103].

Ob sich die Anwendung des gesamten Instrumentariums neuer infrastruktureller Organisationsformen auch in den ländlichen Problemregionen innerhalb des Bundesgebietes bewähren wird, läßt sich in endgültiger Form derzeit noch nicht beantworten. Dazu bedarf es weiterer, detaillierter Wirkungsanalysen.

Offensichtlich ist aber bereits zum gegenwärtigen Zeitpunkt, daß die sinnvolle Implementation sämtlicher Instrumente und ihre optimale Nutzung vom Einsatz weiterer infrastrukturbezogener Maßnahmen abhängt.

Um welche Maßnahmen es sich dabei im einzelnen handelt, wird im folgenden Abschnitt erläutert.

---

[103] Vgl. dazu die ausführliche Erörterung von *V. Frhr. v. Malchus*, Zur Versorgung der Bevölkerung in dünnbesiedelten Gebieten - Erfahrungen und Erkenntnisse aus dem skandinavischen Raum -. In: ARL, Strukturgefährdete ländliche Räume ..., a.a.O., S. 47 - 72; siehe auch die Darstellung eines in Dänemark vor kurzer Zeit abgeschlossenen Modellprojektes zur Stabilisierung des Einzelhandels in dünnbesiedelten ländlichen Regionen von *A. Priebs*, "Tante Emma" auf dem Lande. In: DVAG, Standort 2`85, S. 14 - 15.

3.3.5 Weitere Maßnahmen zur Realisierung einer dezentralen, wohnortnahen Infrastrukturversorgung

Die Maßnahmenvorschläge für eine dezentrale, wohnortnahe Versorgungsstruktur in dünnbesiedelten Regionen lassen sich von ihren spezifischen Problemansätzen und Handlungsbereichen her nicht nur als instrumentelle Komponenten der neu akzentuierten Infrastrukturpolitik, sondern darüber hinaus auch als Bestandteile eines veränderten raumordnungspolitischen Instrumentariums betrachten.

So werden die oben genannten Maßnahmen in der wissenschaftlichen und politischen Diskussion zumeist denn auch in einem thematisch umfassenderen Kontext behandelt; etwa unter der Thematik der zu modifizierenden Instrumentierung einer Raumordnungs- bzw. Regionalpolitik, welche über den fachplanerischen Sektor der Infrastruktur hinaus auch für die übrigen Fachpolitiken differenzierte, an die strukturellen Ausgangsbedingungen der Regionen mit deren individuellen Problemen und Potentialen angepaßte Entwicklungsstrategien umzusetzen beabsichtigt, oder etwa im Zusammenhang mit der Frage nach den raumstrukturellen Effekten der neuen Informations- und Kommunikationstechnologien.

Die Auseinandersetzung mit der konkreten Ausformung der verschiedenen instrumentellen Ansatzpunkte, deren politisch-praktische Relevanz sowie deren Implementationsprobleme ließe sich insofern durchaus auf einer breiteren, eben regionalpolitischen Betrachtungsebene analysieren.

Wenn gleichwohl darauf im Rahmen dieser Studie zugunsten einer lediglich auf den Infrastrukturbereich begrenzten Darstellung des fachpolitikunterstützenden Instrumentariums verzichtet wird, so nicht allein deshalb, weil ansonsten die thematisch vorgegebenen Grenzen weit überschritten würden, sondern auch, weil hinsichtlich der Diskussion über die instrumentellen Aspekte aus raumordnungs- und regionalpolitischer Sicht auf jüngere, umfassende Arbeiten verwiesen werden kann[104].

(1) Zur Modifizierung und Erweiterung bestehender finanzpolitischer Verfahrensmodalitäten und Regularien

Die Vorschläge zur finanzpolitischen Unterstützung der regionsbezogenen infrastrukturpolitischen Strategien beschäftigen sich vornehmlich mit Modifizierungen im System des Finanzausgleichs: Gefordert wird zum einen, die derzeitige Praxis der Finanzmittelvergabe zu verbessern, zum anderen die regionalen Entscheidungskompetenzen über die Mittelverwendung zu stärken.

Ausgangspunkt solcher Überlegungen[105] ist die Auffassung, daß die bislang praktizierten Modalitäten und gültigen Verfahrensregularien des Finanzausgleichssystems, welche die finanzielle Ausstattung der Regionen hauptsächlich über das Prinzip der Zweckzuweisungen regeln, sowohl zu ungerechter Behandlung von einzelnen Regionen führen, wie auch die Durchsetzung einer eigenständigen und selbstverantworteten regionalen Entwicklungspolitik eher hemmen als unterstützen, tragen die von "oben" gesteuerten Mittelzuweisungen letztendlich doch zur Stabilisierung einer "Subventionsmentalität" bei den förderungsbedürftigen Regionen bei.

Um derartige Nebenwirkungen zu vermeiden, postulieren insbesondere die Vertreter der endogen orientierten Regionalpolitik eine freie Finanzhilfe, die den Regionen die Möglichkeit bietet, nach eigenen Prioritätensetzungen notwendige Programme und Pläne zu realisieren.

Wie diese freie Finanzhilfe konkret auszusehen hätte, veran-

---

[104] Vgl. insbesondere *U. Hahne*, Regionalentwicklung ..., a.a.O., S. 170 ff.

[105] Siehe dazu u.a. *G. Stiens*, Neue Ansatzpunkte ..., a.a.O., S. 256; *J. Uhlmann u.a.* Wege zur Stabilisierung .., a.a.O., S. 107; *U. Hahne*, Regionalentwicklung ..., a.a.O., S. 199 ff; *P. Treuner*, Instrumentelle Aspekte einer Neuorientierung der Raumordnungspolitik. In: ARL, Gleichwertige Lebensverhältnisse ..., a.a.O., S. 237 ff.

schaulichen die Überlegungen von STIENS: "Eine Verbesserung könnte mithin darin bestehen, einen großen Teil der bisherigen Zweckzuweisungen in (relativ) allgemeine, en-bloc zu vergebende Finanzzuweisungen umzuwandeln, die dem tatsächlichen regionalen Bedarf eher gerecht werden. Dies könnte durch eine Bündelung der Investitionshilfen in Form bereichsspezifischer Investitionspools erreicht werden, deren Mittelumfang an den jeweiligen regionalen Bedürfnissen ausgerichtet ist[106].

Erste Versuche, regionalpolitische Entwicklungsstrategien mittels regionaler Investitionsfonds zu unterstützen, werden seit wenigen Jahren im Ausland, vor allem in den USA, angestellt. Doch sind diese noch nicht soweit fortgeschritten, als daß schon ausreichend konkrete Erfahrungen zur Beurteilung dieses instrumentellen Ansatzpunktes vorliegen.

Neben diesen für die öffentlichen Infrastrukturinvestitionen relevanten Verbesserungsvorschlägen befassen sich einige Überlegungen zudem mit fiskalpolitischen Maßnahmen zur Unterstützung privater Anbieter von Waren und Dienstleistungen für die infrastrukturelle Grundversorgung. Beispielsweise regt TREUNER den Gedanken an: "Wenn man ... die Leistungsbereitschaft der Anbietenden möglichst nicht beeinträchtigen, sondern diese eher fördern möchte, so kann das Instrumentarium nicht auf eine generelle Risikoabnahme, sondern nur auf eine Risikoreduzierung im Bereich des Grundeinkommens gerichtet sein. Denkbar wäre etwa, allen Gewerbetreibenden des Dienstleistungssektors in typischen Restriktionsgebieten innerhalb einer Region, die insgesamt noch beträchtlich unter dem Mindeststandard-Niveau liegen, einen nur an die räumliche Voraussetzung gebundenen Gewerbesteuerfreibetrag in Höhe der Hälfte der gezahlten Löhne und Gehälter (evtl. mit einem Mindestbetrag und mit einer Höchstgrenze) und einen speziellen Einkommenssteuerfreibetrag zu gewähren, um die Risikoübernahme in solchen Räumen zu honorieren"[107].

---

[106] *G. Stiens*, Neue Ansatzpunkte ..., a.a.O., S. 256.
[107] *P. Treuner*, Instrumentelle Aspekte ..., a.a.O., S. 234.

Unter Hinweis auf die Existenz derartiger steuerlicher Sonderregelungen in anderen Bereichen der Steuergesetzgebung sieht TREUNER die Anwendungsschwierigkeiten dieses Instrumentes primär in der Finanzierung.

(2) Zur regionalen Differenzierung der institutionellen Infrastruktur

In den aktuellen Entwicklungsprogrammen, Plänen und Maßnahmenkatalogen der verschiedenen Planungsinstanzen sowie in den fachplanungsbezogenen Verordnungen, Gesetzen und Erlassen bleibt der Aspekt regional differenzierter Ausgangslagen und Entwicklungsbedingungen, denen die Infrastrukturpolitik bei ihrer Aufgabenerfüllung gegenübersteht, weitestgehend unberücksichtigt.

Die starre und globale Festlegung von bereichsspezifischen Richtwerten, Planungsgrundsätzen und Rechtsvorschriften wird jedoch als ein nicht zu unterschätzendes Handicap für die Realisierung des Politikansatzes gesehen, der über flexible Organisationsformen eine zieladäquate Infrastrukturversorgung in den ländlichen Gebietseinheiten mit deren problematischen Bedarfsstrukturen herzustellen versucht.

Folgerichtig leitet sich aus dieser Auffassung die Forderung nach einer möglichst weitgehenden Flexibilisierung der institutionellen Vorgaben in den materiellen und personellen Infrastrukturbereichen ab, ohne damit jedoch - wie in der Diskussion mehrfach betont wird - die politisch vorgegebenen sektoralen Mindeststandards regional differenzieren zu wollen und damit das Prinzip der interregional gleichwertigen Infrastrukturversorgung aufzugeben.

Exemplarisch für die an die regionalen Besonderheiten angepaßte Flexibilisierung ehemals undifferenzierter Richtlinien und Grundsätze sind die regionsbezogenen Modifikationen schulplanerischer Vorgaben, ausgelöst durch den vor allem für die ländlichen Gebiete brisanten Rückgang der Schülerzahlen. Um etwa das Netz der Grundschulen in diesen Räumen aus pädagogischen wie soziokulturellen Gründen nicht weiter auszudünnen, werden inzwischen von fast allen Ländern geringere Klassenfrequenzen (Schüler-Lehrer-Relationen), die Reduzierung der Zügigkeit sowie kombinierte Klassen für diese Schulform akzeptiert. Und auch für die übrigen Schulformen setzen sich regionalspezifische Lösungsansätze zur Bewältigung der Schülerzahlenproblematik in der Praxis mehr und mehr durch[108].

Eine derartige Entwicklung ist in den anderen Sektoren hingegen zumeist noch nicht zu konstatieren. Insofern wäre für sie zu überprüfen, inwieweit sich eine räumliche Differenzierung der jeweiligen institutionellen Bestimmungen als problemangemessene Maßnahme anbietet und welche konkreten Möglichkeiten dazu bestehen.

(3) Zur Ausgestaltung einer planungsvorbereitenden und -begleitenden Informationspolitik

Eine wesentliche Voraussetzung, die veränderte, sprich regionalisierte Infrastrukturpolitik in den einzelnen Regionen wirkungsvoll umsetzen zu können, sehen einige Autoren in der Neukonzeptionierung der Informationspolitik.

Deklariert als "Koordination durch Information" sollte nach deren Auffassung die Informationspolitik insbesondere drei Aufgaben erfüllen[109]:

- Die regionsspezifische Erfassung und Aufbereitung von quantitativen wie qualitativen Daten, anhand deren die regional Verantwortlichen die Notwendigkeit zum infrastrukturpolitischen Han-

---

[108] Vgl. dazu *K. Aurin*, Regionale Schulplanung unter veränderten Verhältnissen. Probleme, Forschungsaufgaben und neue Planungsorientierung. In: ARL, Regional differenzierte Schulplanung ..., a.a.O., S. 9 - 24.

[109] Siehe zum folgenden: *G. Stiens*, Stoßrichtung für eine Regionalpolitik ..., a.a.O., S. 224 ff; *U. Hahne*, Regionalentwicklung ..., a.a.O., S. 204 ff.

deln überprüfen und im Bedarfsfalle Art und Dimensionierung der Planungskonsequenzen ableiten können.

- Die Bereitstellung einer "Beratungshilfe", mit der die Raumordnungspolitik den Regionen in bestimmten Problemsituationen geeignete Lösungsmöglichkeiten aufzeigt. Die verschiedenen Lösungsansätze sollten dabei vorab im Rahmen von Modellvorhaben und Pilotprojekten auf ihre Anwendbarkeit hin getestet werden.

- Die Vermittlung "programmatischer" Informationen, verstanden als Hinweise auf Koordinationsmöglichkeiten von Maßnahmen verschiedener Ressorts zur effektiveren Lösung infrastruktureller Versorgungsprobleme.

Die Vorschläge für eine verbesserte Informationspolitik beschränken sich aber nicht allein auf eine umfassendere Aufgabendefinition. Sie zielen auch auf methodische Verbesserungen und Ergänzungen[110]. So wird, wenngleich noch vereinzelt[111], zur realitätsnäheren Erfassung infrastruktureller Versorgungsanlagen auf ein analytisches Instrumentarium hingewiesen, welches im Rahmen des als "time-geography" bezeichneten Forschungsansatzes entwickelt wurde.

Dieser methodische Untersuchungsansatz geht über derzeit gängige Verfahren hinaus, welche nur auf bilanzierenden Versorgungsindikatoren oder anderen statistischen Maßen basieren. Dies insofern, als mit ihm auf einer individualanalytischen Betrachtungsebene (beispielsweise für Einzelpersonen oder Haushalte) unter Berücksichtigung individueller bzw. haushaltsinterner und -externer Restriktionen wie Potentiale die Durchführbarkeit von Aktivitätenprogrammen (etwa die Erledigung

---

[110] Die Verbesserung der Informationsbasis und ihrer Nutzung fordert u. a. auch der *Beirat für Raumordnung* in seiner Empfehlung vom 18. März 1983 zur "Selbstverantworteten regionalen Entwicklung im Rahmen der Raumordnung", a.a.O., S. 189.

[111] Vgl. beispielsweise *G. Bahrenberg u.a.*, Infrastrukturversorgung und Verkehrsangebot im ländlichen Raum, a.a.O.; *G. Stiens*, Neue Ansatzpunkte ..., a.a.O., S. 255.

verschiedener Besorgungen) überprüft werden kann.

Angesichts der positiven Erfahrungen, die mit diesem analytischen Instrumentarium in der schwedischen Regionalplanung gemacht worden sind, sollte dessen methodische Weiterentwicklung und praktische Anwendung auch in der bundesdeutschen Raumforschung und -planung forciert werden[112].

(4) Zur Entwicklung und Unterstützung veränderter infrastruktureller Organisationsformen durch neue Informations- und Kommunikationstechnologien

Als ein weiteres unterstützendes Instrument zur Verbesserung und Stabilisierung der infrastrukturellen Versorgungsstruktur in den dünnbesiedelten Regionen gelten schließlich die neuen Informations- und Kommunikationstechnologien (Telematik)[113].

Handelt es sich bei diesen neuen Technologien um verschiedene kommunikationstechnische Innovationen und Dienste, so richten sich die zu diesem Themenbereich angestellten Überlegungen in erster

---

[112] Innerhalb der bundesdeutschen Raumforschung gibt es bereits verschiedene Versuche, infrastrukturelle Versorgungsstrukturen mittels der im Rahmen dieses Untersuchungsansatzes angewandten Simulationsmodelle auf der mikroanalytischen Betrachtungsebene zu analysieren, wobei gleichzeitig diverse methodische Verbesserungen vorgenommen wurden. Siehe dazu im einzelnen: *G. Bahrenberg u.a.*, Infrastrukturversorgung ..., a.a.O.; *H. Bischoff*, Simulation of daily household activity projects. In: Proceedings of the 1. European Simulation Congress 1983. Aachen 1984.

[113] Vgl. von vielen: *ILS-NW*, Raumwirksamkeit neuer Technologien - Literaturübersicht. Schriftenreihe Landes- und Stadtentwicklungsforschung des Landes NRW, Materialien, Bd. 4.043, Dortmund 1985, insbesondere S. 36 ff und 44 ff; *K. Türke*, zum Stand der Diskussion über die räumlichen Wirkungen neuer Medien. In: der landkreis, H. 8 - 9/1983, S. 455 - 460; *ARL*, Neue Informations- und Kommunikationstechniken und ihre räumlichen Auswirkungen. Vortragsveranstaltung der ARL am 15.12.1983 in Hamburg. Arbeitsmaterial Nr. 81, Hannover 1984; *BfLR*, Räumliche Wirkungen neuer Medien. Themenheft, Informationen zur Raumentwicklung, H. 3, 1982.

Linie auf das Innovationspotential des Bildschirmtextes (Btx). Ein wesentlicher Grund dafür ist in den günstigen Implementationsvoraussetzungen zu sehen. Während sich nämlich die zukünftigen Ausbaustrategien für den Bereich der breitbandigen Kommunikationstechnologien zum gegenwärtigen Zeitpunkt als äußerst ungewiß darstellen - die aktuellen Pilotprojekte der Deutschen Bundespost lassen eher auf eine Präferierung der Verdichtungsräume schließen[114] - kann das Btx schon heute flächendeckend und somit auch in den ländlichen Regionen zur Individualkommunikation benutzt werden, da es lediglich auf das vorhandene Fernsprechnetz angewiesen ist.

Desweiteren resultiert das unter infrastrukturellen Versorgungsaspekten besondere Interesse an diesem neuen Medium aus dem umfangreichen Spektrum von Nutzungsmöglichkeiten.

So bietet sich den privaten Haushalten, sofern sie über einen Farbfernseher, ein Telefon und eine entsprechende Tastatur verfügen, mit dem Btx schon jetzt die Möglichkeit, Informationen abzufragen (z.B. über aktuelle Ereignisse, Veranstaltungstermine oder in Form von Service- und Beratungsinformationen), Kataloge, Formulare oder sonstige Materialien zu bestellen, Bankgeschäfte abzuwickeln oder Dienstleistungen und Waren anzufordern.

Darüber hinaus sind weitere Anwendungsbereiche denkbar, die eine Dezentralisierung der Infrastrukturversorgung auch bei einem geringen regionalen Nachfragepotenial ermöglichen. Als Beispiele seien hier nur die Möglichkeit des Fernunterrichts oder der medizinischen Ferndiagnose genannt[115].

Die gegenwärtige Diskussion um die Bedeutung des Btx für den infrastrukturellen Fachplanungsbereich leidet jedoch, und dies gilt in

---

[114] siehe dazu die verschiedenen themenbezogenen Beiträge in: der landkreis 8 - 9/1983, S. 401 ff.

[115] Vgl. u.a. *H. Kromrey*, Räumliche Wirkungen der Bildschirmtext-Nutzung durch private Haushalte. In: Informationen zur Raumentwicklung, H. 3, 1982, S. 233 - 243.

einem noch größeren Maße für die übrigen neuen Dienste, vor allem daran, daß der Anteil der rein spekulativen Überlegungen noch immer dominiert.

Gerade für die Gebietskategorie des ländlichen Raumes fehlen konkrete empirische Erkenntnisse, die eine genaue Beurteilung der Effizienz, der potentiellen Anwendungsrisiken oder der zukünftigen Akzeptanz der neuen Informations- und Kommunikationstechnologien durch die Bevölkerung erlauben.

Dementsprechend findet sich in der jüngsten Literatur durchgängig die Forderung nach regionalen und sektoralen Fallstudien und Modellprojekten, in denen diesen Fragen soweit wie möglich empirisch nachzugehen ist[116].

---

[116] Als ein Beispiel für derartige Untersuchungen sei etwa auf folgende Studie verwiesen: *R. Hoberg*, Raumwirksamkeit neuer Kommunikationstechniken - Innovations- und diffusionstheoretische Überlegungen. In: Jahrbuch für Regionalwissenschaft. Hrsg. von der Gesellschaft für Regionalforschung. 4. Jg., Göttingen 1983, S. 5 - 38.

4. Aufgaben weiterführender Forschungsaktivitäten

Der Diskussion um die infrastrukturpolitischen Implikationen der abnehmenden Bevölkerungszahlen und der altersstrukturellen Umschichtungsprozesse, sei es mit Blick auf die konkreten Wirkungen eines sich ändernden Nachfragepotentials auf die infrastrukturellen Angebotsbedingungen, sei es mit Blick auf die Konzeptionierung einer problem- und zielorientierten Infrastrukturpolitik, kann zum gegenwärtigen Zeitpunkt durchaus ein fortgeschrittenes Entwicklungsstadium attestiert werden.

Doch dürften die in den vorausgegangenen Abschnitten aufgezeigten Erkenntnisdefizite und ungelösten Problembereiche zugleich verdeutlicht haben, daß es zur vollständigen Erfassung und Lösung der durch die demographische Entwicklung induzierten Probleme im Infrastrukturbereich noch weiterer Forschungsanstrengungen bedarf.

Erforderlich sind unter anderem - um abschließend nur einige potentielle Aufgabenfelder zukünftiger Forschungstätigkeiten zu nennen - noch weiterführende und ergänzende theoretisch-konzeptionelle Arbeiten. Wenngleich gerade auf dieser Forschungs- und Diskussionsebene in den letzten Jahren ein intensives fachwissenschaftliches Bemühen mit entsprechend positiven Resultaten konstatiert werden kann, sind die theoretischen Grundgerüste der verschiedenen konzeptionellen Richtungen mehr oder weniger unvollständig.

Dies gilt vor allem für jene infrastrukturpolitische Denkrichtung, die sich als fachplanerische Konkretisierung der Konzeption großräumiger Vorranggebiete versteht. Hier fehlt es noch weitestgehend an einer Präzisierung der infrastrukturpolitischen Implikationen dieser Raumordnungskonzeption.

Aber auch für die infrastrukturpolitischen Alternativkonzepte bedarf es noch zusätzlicher theoretisch-normativer Überlegungen.

Beispielsweise sind im Hinblick auf die wissenschaftlich wie politisch zunehmend favorisierte Politikrichtung der Herstellung bzw. Stabilisierung einer dezentralen, wohnortnahen Infrastrukturversorgung nicht für sämtliche Infrastrukturbereiche Fragen der technisch-organisatorischen Ausgestaltung der vorgeschlagenen Instrumente wie auch der damit verbundenen rechtlichen und/oder finanziellen Probleme geklärt.

Ein sehr wichtiges Aufgabenfeld infrastrukturbezogener Forschung besteht zweifelsohne in der Durchführung empirisch angelegter Studien.

Mit ihnen sind zum einen die Notwendigkeit und die Voraussetzungen der Implementation einer problem- und zieladäquaten Infrastrukturpolitik, zum anderen die Praktikabilität, die Effizienz und die Akzeptanz der theoretischen Strategie- und Instrumentenvorschläge zu überprüfen.

Arbeiten zum letztgenannten Aufgabenbereich wären etwa in Form von wissenschaftlichen Begleituntersuchungen für bereits begonnene oder anstehende Modellversuche denkbar, oder etwa in Form von Gutachten für jene Regionen, Kreise oder Gemeinden, in denen einige der diskutierten Lösungsansätze schon Anwendung finden.

Zum ersten Aufgabenbereich zählen dagegen die im ersten Teil dieser Studie ausführlich behandelten Untersuchungen zum Wirkungszusammenhang zwischen der demographischen Entwicklung und der Infrastrukturversorgung. Speziell für diese Fragestellung ist eine Intensivierung empirischer Fallstudien auch deshalb erforderlich, um erstens die derzeit vorliegenden Untersuchungsresultate auf ihre verallgemeinerungsfähige Validität zu überprüfen, und um zweitens den Informationsgehalt der ermittelten Resultate durch die Berücksichtigung der verschiedenen analytisch-methodischen Verbesserungsmöglichkeiten zu erhöhen.

Die erste Zielsetzung impliziert die Durchführung von Wirkungsanalysen für mehrere, hinsichtlich der infrastrukturellen Gegebenheiten und der demographischen Ausgangssituation und Entwicklung unterschiedlich strukturierte Gebietseinheiten ländlicher und verdichteter Prägung. Das zweite Ziel würde darüber hinaus bedeuten: verstärkte Berücksichtigung privater Infrastruktureinrichtungen, möglichst weitgehende Disaggregation der räumlichen Untersuchungseinheiten, Ausweitung der zeitlichen Betrachtungsräume bei den ex-post-Analysen, Verwendung mehrdimensionaler Indikatoren sowie gegebenenfalls die Durchführung sachlich und räumlich differenzierter Bevölkerungsprognosen.

Zur Absicherung einer effektiven Infrastrukturpolitik sollte ferner in den problematischen Regionen nicht auf empirische Untersuchungen verzichtet werden, die sich des methodischen Instrumentes der Befragung bedienen. Denn nur über repräsentative Haushalts- und/oder Individualbefragungen lassen sich planungsrelevante Informationen über subjektive Bedürfnisse, Einstellungen und Aktivitätenmuster der Nachfrager infrastruktureller Leistungen ermitteln.

Schließlich sei im Hinblick auf eine Verbesserung der für die Infrastrukturpolitik notwendigen Informationsbasis nochmals explizit auf die verstärkte Anwendung jener quantitativen Methoden im Rahmen empirischer Forschungen hingewiesen, die mit Hilfe von Simulationsmodellen die Auswirkungen bestimmter Versorgungs- und Verkehrsstrukturen auf die Handlungspotentiale von Individuen und Haushalten erfassen. Die Integration dieses Ansatzes in das gängige Forschungsinstrumentarium wäre, zumal er auch als Instrument der Wirkungsanalyse infrastrukturpolitischer Maßnahmen geeignet erscheint, insbesondere im Vergleich zur bislang dominierenden Verwendung von Indikatorensystemen von methodischem Interesse.

5. Zusammenfassung

Seit Mitte der 70er Jahre wird intensiv über mögliche Auswirkungen von Bevölkerungsrückgängen und altersstrukturellen Verschiebungen auf die Versorgung mit Infrastruktureinrichtungen diskutiert. Anfangs wurde überwiegend die Auffassung vertreten, der Bevölkerungsrückgang stelle - zumal in heute bereits dünnbesiedelten Räumen - das Anfangsglied einer Wirkungskette dar, die über Unterauslastung von Infrastruktureinrichtungen, Verteuerungseffekte bzw. Rentabilitätsprobleme, Schließung von Einrichtungen, Vergrößerung der Einzugsbereiche verbleibender Einrichtungen und unzureichende Erreichbarkeit für die Bevölkerung auf eine generelle Verschlechterung der Versorgungssituation hinauslaufe. Neuere Erkenntnisse aufgrund konkreter Fallstudien und detaillierter modelltheoretischer überlegungen für unterschiedliche Infrastrukturbereiche bzw. -einrichtungen, für verschiedene Gebietstypen und für unterschiedliche Zeiträume lassen erkennen, daß

- den Veränderungen der Bevölkerungszahl und -struktur als Determinanten der infrastrukturellen Entwicklung eine geringere Bedeutung zukommt, als bisher allgemein angenommen wurde; vielmehr wird die Bevölkerungsentwicklung von weiteren Einflußfaktoren überlagert;

- demzufolge infrastrukturelle Versorungsprobleme als Folge zurückgehender Bevölkerungszahlen und altersstruktureller Verschiebungen kurz- und mittelfristig in der oftmals unterstellten Schärfe nicht zu erwarten sind;

- bei Fortsetzung der gegenwärtigen Entwicklungstendenzen im Bevölkerungsbereich und ohne Einsatz geeigneter infrastrukturpolitischer Maßnahmen die demographische Entwicklung jedoch langfristig durchaus zu ernsthaften infrastrukturellen Versorgungsproblemen führen kann, und zwar schwerpunktmäßig in heute bereits dünnbesiedelten Regionen mit geringer Tragfähigkeit für Infrastruktureinrichtungen.

Auswirkungen von Bevölkerungsrückgängen und altersstrukturellen Verschiebungen treffen zuerst solche Regionen, die zur Zeit schon durch eine geringe Bevölkerungsdichte gekennzeichnet sind. In dünnbesiedelten ländlichen Gebieten hat die demographische Entwicklung daher eine besondere Brisanz. Hier stellt sich die raumordnungspolitisch bedeutsame Frage, wie bei rückläufiger Bevölkerungsdichte eine an den Zielen der Raumordnung orientierte Infrastrukturversorgung hergestellt und/oder gesichert werden kann.

Dabei ist vorab die Grundsatzfrage zu klären, welches raumordnungspolitische Konzept verfolgt werden soll: das Konzept ausgeglichener Funktionsräume oder das Konzept der räumlich-funktionalen Arbeitsteilung. Die unterschiedlichen räumlichen Entwicklungsziele der beiden Konzepte führen auch zu unterschiedlichen Strategien und Maßnahmen der infrastrukturellen Versorgung. Die als "Kleinkrieg der Konzeptionen" bezeichnete Auseinandersetzung um die Frage, welches Zielkonzept angesichts der neuen ökonomischen, demographischen und finanzpolitischen Rahmendaten verfolgt werden soll, scheint vorläufig zugunsten des Konzepts der ausgeglichenen Funktionsräume entschieden zu sein. Diese Zielkonzeption entspricht sowohl der amtlichen Raumordnungspolitik, die die Gültigkeit der raumordnerischen Zielsetzungen auch angesichts veränderter Rahmenbedingungen und Entwicklungstrends bekräftig hat, als auch dem Stand der Diskussion, die sich derzeit weniger mit der Frage nach den räumlichen Entwicklungszielen beschäftigt, als vielmehr mit der Frage, mit welchen Handlungskonzepten, Strategien und Instrumenten das interregionale Ausgleichsziel unter den neuen Rahmenbedingungen erreicht werden kann.

Innerhalb der ausgleichsorientierten Regionalpolitik, die primär auf die Entwicklung strukturschwacher, ländlich-peripherer Räume abzielt, lassen sich zwei konzeptionelle Richtungen ausmachen: Die eine Richtung befürwortet eine intraregionale Schwerpunktbildung für die Siedlungs- und Infrastruktur in den ländlichen Regionen, um eine wettbewerbsfähige soziale und technische Infrastruktur im Einzugsbereich anzubieten und damit eine gewisse Urbanität zu schaffen. Die andere Denkrichtung basiert auf dem Modellansatz der endogen Entwicklung. Deren Befürworter verfolgen für die Infrastrukturausstattung eine Politik, die die infrastrukturellen Einrichtungen möglichst nah an möglichst viele potentielle Nutzer heranführt, um durch Dezentralisierung auch die Erreichbarkeitsverhältnisse in den ländlichen Regionen stärker zu berücksichtigen. In der raumordnungspolitischen Diskussion läßt sich ein Meinungstrend zugunsten solcher Politikansätze feststellen, die unter dem endogenen Entwicklungskonzept subsumiert werden können. Auf der infrastrukturpolitischen Fachebene konkretisiert sich dies in einer zunehmenden Orientierung auf dezentrale, flexible Lösungsansätze, die teils noch im akademischen Vorfeld diskutiert, teils aber auch schon in der Planungspraxis realisiert werden.

Die gegenwärtig diskutierten Maßnahmenvorschläge für eine quantitativ und qualitativ ausreichende Infrastrukturversorgung dünnbesiedelter und von weiterem Bevölkerungsrückgang bedrohter ländlicher Räume erstrecken sich inzwischen auf ein recht umfangreiches Spektrum. Die zahlreichen Einzelvorschläge können zu folgenden Instrumentenbereichen zusammengefaßt werden:

- Verbesserungen im Verkehrsbereich,
- Mobilisierung von Versorgungseinrichtungen
- Nutzungsvariabilität, Dezentralisation und Bündelung von personeller und materieller Infrastruktur,
- Räumliche Differenzierung bisher einheitlicher Zielrichtwerte,
- Flexibilisierung fachplanerischer Grundsätze, Richtwerte u.a.m.,
- Modifizierung der Trägerschaft infrastruktureller Einrichtungen,
- Einsatz neuer Informations- und Kommunikationstechnologien,
- Kompensationsmöglichkeiten für regionsspezifische Benachteiligungen.

Ein Teil der Vorschläge - insbesondere die letztgenannten - befindet sich noch in der Phase theoretischer Vorüberlegungen; oftmals mangelt es noch an ausreichender Konkretisierung und Operationalität. Bei vielen Einzelmaßnahmen besteht auch noch kein Konsens über den jeweiligen Wirkungsgrad. Einige der angeführten Maßnahmen haben dagegen bereits das Anwendungsstadium erreicht.

Über einzelne Maßnahmen liegen - neben Erfahrungen aus dem Ausland - bereits erste Analysen aus der Bundesrepublik vor, die sich mit Ursachen, Rahmenbedingungen und Wirkungsweisen neuer Formen der infrastrukturellen Versorgung befassen. Sie betreffen vorrangig die Mobilisierung der Infrastruktur und die Verbesserung der Mobilität der Bevölkerung.

Mobile Einrichtungen reduzieren zwar die Probleme der infrastrukturellen Unterversorgung, beseitigen diese jedoch nicht. Insbesondere das temporär befristete Leistungsangebot mit oft eng begrenzten Angebotszeiten schränkt den individuellen Handlungsspielraum der Leistungsempfänger weit mehr ein als stationäre Einrichtungen mit meist ganztägigen Öffnungszeiten. Mobile Versorgungsformen eignen sich ferner vornehmlich zur Deckung des Grundbedarfs; sie stellen keine gleichwertige Alternative zu leistungsfähigen stationären Einrichtungen dar. Die Akzeptanz der mobilen Versorgung scheint bei den Zielgruppen der Bevölkerung gewährleistet. Unter betriebswirtschaftlichen Kostengesichtspunkten könnte die mobile Infrastruktur eine sinnvolle Alternative zur unterausgelasteten stationären Infrastruktur darstellen. Die vorsichtige Formulierung der letzten Aussagepunkte zeigt, daß die bisherigen Analysen und Erfahrungen noch nicht ausreichen, um definitive Aussagen über die Eignung mobiler Versorgungssysteme zu treffen.

Ähnliches gilt für neue Formen des öffentlichen und des Individualverkehrs in dünnbesiedelten Gebieten mit disperser Siedlungsstruktur. Verkehrsspezifische Maßnahmen, die generell auf eine Verbesserung der Zugangsmöglichkeiten der ländlichen Bevölkerung zu infrastrukturellen Einrichtungen abzielen, sollen insbesondere die Mobilität der immobilen, distanzempfindlichen und einkommensschwachen Bevölkerungsgruppen ohne PkW-Verfügbarkeit erhöhen. Die Maßnahmenvorschläge nehmen dabei hauptsächlich Bezug auf den öffentlichen

Personennahverkehr, richten sich - angesichts der herausragenden Bedeutung des Pkw für die ländliche Bevölkerung - aber auch auf den Individualverkehr. Ein Spezifikum für dünnbesiedelte Gebiete mit disperser Siedlungsstruktur ist der sog. "Paratransit", der unkonventionelle Mischformen des Personenverkehrs zwischen dem Individualverkehr auf der einen und dem konventionellen fahrplangebundenen Linienverkehr auf der anderen Seite umfaßt. Nach den bisherigen Erfahrungen ist die organisatorisch-instrumentelle Ausgestaltung der verschiedenen Verkehrskonzepte bereits weit fortgeschritten. Grundsätzliche Probleme bestehen dagegen im rechtlichen und finanziellen Bereich.

Die Mobilisierung von Versorgungseinrichtungen und die Verbesserung der Mobilität der Bevölkerung sind nach dem gegenwärtigen Stand der Erfahrungen und der wissenschaftlichen Diskussion die beiden wichtigsten Maßnahmenbündel zur Sicherung einer ausgleichsorientierten Infrastrukturversorgung in dünnbesiedelten ländlichen Räumen. Bei weiter absinkenden Bevölkerungsdichten werden sie an Bedeutung zunehmen.

Bevölkerungsabnahmen und drastische strukturelle Veränderungen im Altersaufbau der Bevölkerung sind für die Bundesrepublik neue Phänomene. Auch die damit verbundenen infrastrukturellen Probleme sind nach der langen Phase des Aufbaus von Versorgungseinrichtungen Neuland. Der Forschungsbedarf ist daher recht hoch. Unter anderem bedürfen folgende Fragestellungen und Problembereiche noch weiterer Forschungsanstrengungen:

- Zum Wirkungszusammenhang zwischen der demographischen Entwicklung und der Infrastrukturversorgung sind Wirkungsanalysen durchzuführen. Ziel ist erstens, die bislang vorliegenden Ergebnisse zu ergänzen und abzusichern, und zweitens, den Informationsgehalt der Resultate unter Berücksichtigung der verschiedenen analytisch-methodischen Verbesserungsmöglichkeiten und -notwendigkeiten zu erhöhen.

- Zum Themenfeld infrastrukturpolitischer Handlungskonzepte, Strategien und Instrumente sind vertiefende Untersuchungen erforderlich. Neben theoretisch-konzeptionellen Arbeiten zu Fragen wie der konkreten technisch-organisatorischen Ausgestaltung verschiedener Instrumente sowie grundsätzlicher rechtlicher, planungstechnischer und finanzpolitischer Probleme, sind Fallstudien als querschnittsorientierte Ansätze und für fachplanerische Einzelbereiche wünschenswert. Im Rahmen von Modellversuchen sollten theoretische Vorschläge auf ihre praktische Durchführbarkeit und Wirksamkeit überprüft werden.

- Mit Hilfe von Simulationsmodellen können die Auswirkungen bestimmter Versorgungs- und Verkehrstrukturen auf die Handlungspotentiale von Individuen und Haushalten erfaßt werden. Ziel solcher Untersuchungen sollte die möglichst realistische Abbildung und differenzierte Analyse der infrastrukturellen Versorgungssituation und deren Veränderungen für die betroffenen Bevölkerungsgruppen sein. Der Ansatz erscheint zugleich als Instrument einer Wirkungsanalyse infrastrukturpolitischer Maßnahmen erfolgversprechend.

- Schließlich sollten für eine problemorientierte und anpassungsfähige Infrastrukturpolitik qualitative Untersuchungen angestellt werden, welche mittels Haushalts- und/oder personenbezogener Befragungen subjektive Bedürfnisse, Einstellungen und Verhaltensweisen der Nachfrager infrastruktureller Leistungen ermitteln.

Literaturverzeichnis

Agrarsoziale Gesellschaft e. V. — Strategien zur Entwicklung peripherer ländlicher Räume. ASG-Materialiensammlung Nr. 144, Göttingen 1980.

Akademie für Raumforschung und Landesplanung (Hrsg.) — Ausgeglichene Funktionsräume. Grundlagen für eine Regionalpolitik des mittleren Weges, Teil 1, Forschungs- und Sitzungsberichte, Bd. 94, Hannover 1975.

Akademie für Raumforschung und Landesplanung (Hrsg.) — Untersuchungen zu kleinräumigen Bevölkerungsbewegungen. Forschungs- und Sitzungsberichte, Bd. 95, Hannover 1975.

Akademie für Raumforschung und Landesplanung (Hrsg.) — Planung unter veränderten Verhältnissen (14. Wissenschaftliche Plenarsitzung 1975). Forschungs- und Sitzungsberichte, Bd. 108, Hannover 1976.

Akademie für Raumforschung und Landesplanung (Hrsg.) — Ausgeglichene Funktionsräume. Grundlagen für eine Regionalpolitik des mittleren Weges, Teil 2, Forschungs- und Sitzungsberichte, Bd. 116, Hannover 1976.

Akademie für Raumforschung und Landesplanung (Hrsg.) — Zur Bedeutung rückläufiger Einwohnerzahlen für die Planung. Forschungs- und Sitzungsberichte, Bd. 122, Hannover 1978.

Akademie für Raumforschung und Landesplanung (Hrsg.) — Strukturgefährdete ländliche Räume. Forschungs- und Sitzungsberichte, Bd. 128, Hannover 1979.

Akademie für Raumforschung und Landesplanung (Hrsg.) — Strategien des regionalen Ausgleichs und der großräumigen Arbeitsteilung. Beiträge, Bd. 57, Hannover 1981.

Akademie für Raumforschung und Landesplanung (Hrsg.) — Tendenzen und Probleme der Entwicklung von Bevölkerung, Siedlungszentralität und Infrastruktur in Nordrhein-Westfalen. Forschungs- und Sitzungsberichte, Bd. 137, Hannover 1981.

Akademie für Raumforschung und Landesplanung (Hrsg.) — Funktionsräumliche Arbeitsteilung - Teil 1: Allgemeine Grundlagen. Forschungs- und Sitzungsberichte, Bd. 138, Hannover 1981.

Akademie für Raumforschung und Landesplanung (Hrsg.) — Gleichwertige Lebensbedingungen durch eine Raumordnungspolitik des mittleren Weges - Indikatoren, Potentiale, Instrumente. Forschungs- und Sitzungsberichte, Bd. 140, Hannover 1983.

Akademie für Raumforschung und Landesplanung (Hrsg.) — Regionale Aspekte der Bevölkerungsentwicklung unter den Bedingungen des Geburtenrückganges. Forschungs- und Sitzungsberichte, Bd. 144, Hannover 1983.

Akademie für Raumforschung und Landesplanung (Hrsg.) — Verkehrspolitik, Raumordnung, Regionalplanertagung 1982 vom 5. bis 7. Mai in Überlingen. Arbeitsmaterial Nr. 64, Hannover 1983.

Akademie für Raumforschung und Landesplanung (Hrsg.) — Regional differenzierte Schulplanung unter veränderten Verhältnissen - Probleme der Erhaltung und strukturellen Weiterentwicklung allgemeiner und beruflicher Bildungseinrichtungen. Forschungs- und Sitzungsberichte, Bd. 150, Hannover 1984.

Akademie für Raumforschung und Landesplanung (Hrsg.) — Funktionsräumliche Arbeitsteilung - Teil 2: Ausgewählte Vorrangfunktionen in der Bundesrepublik Deutschland. Forschungs- und Sitzungsberichte, Bd. 153, Hannover 1984.

Akademie für Raumforschung und Landesplanung (Hrsg.) — Neue Informations- und Kommunikationstechniken und ihre räumlichen Auswirkungen. Vortragsveranstaltung der ARL vom 15.12.1983 in Hamburg. Arbeitsmaterial Nr. 81, Hannover 1984.

Akademie für Raumforschung und Landesplanung (Hrsg.) — Räumliche Auswirkungen des Einsatzes neuer Technologien. Regionalplanertagung 1983 vom 12.-14.10.1983 in Überlingen. Arbeitsmaterial Nr. 82, Hannover 1984.

Aurin, K. — Regionale Schulplanung unter veränderten Verhältnissen. Probleme, Forschungsaufgaben und neue Planungsorientierungen. In: Regional differenzierte Schulplanung unter veränderten Verhältnissen - Probleme der Erhaltung und strukturellen Weiterentwicklung allgemeiner und beruflicher Bildungseinrichtungen. ARL: Forschungs- und Sitzungsberichte, Bd. 150, Hannover 1984, S. 9 - 24.

Bach, L. — Erreichbarkeits- und zugänglichkeitsbezogene Konzepte für die zentrale Lage von privaten und öffentlichen Einrichtungen. In: Raumordnung und Raumforschung, 36. Jg., 1978, S. 53 ff.

Bahlburg, M.; Kunze, R. — Orientierungswerte für die Infrastrukturplanung - Analysewerte und Zielindikatoren der Planung in Bund, Ländern und Gemeinden. ARL: Beiträge, Bd. 31, Hannover 1979.

Bahrenberg, G.; Bischoff, H.; Lösch, K.; Wieneke, G. — Infrastrukturversorgung und Verkehrsangebot im ländlichen Raum. Unveröffentlichter Zwischenbericht für die Deutsche Forschungsgemeinschaft. Bremen 1983.

Bahrenberg, G. — Zur Anwendung der Theorie der zentralen Orte in der Raumplanung. In: Aktuelle Probleme der Geographie. Duisburger Geographische Arbeiten H. 5, Duisburg 1985, S. 15 - 35.

Baldermann, J.; Hecking, G.; Knauß, E.; Seitz, U. — Infrastrukturausstattung und Siedlungsentwicklung. Schriftenreihe 9 des Städtebaulichen Instituts der Universität Stuttgart. Stuttgart 1978.

Bals, C. — Literaturauswertung und Aussagen zu den Konsequenzen des Bevölkerungsrückgangs. ARL: Arbeitsmaterial, Nr. 15, Hannover 1978.

Bayern, Staatsministerium für Landesentwicklung und Umweltfragen, München (Hrsg.) — Maßnahmenkatalog für den ländlichen Raum. Beschluß der Bayerischen Staatsregierung vom 16. Februar 1982, München 1982.

Beck, G. — Der verhaltens- und entscheidungstheoretische Ansatz. In: P. Sedlacek (Hrsg.), Kultur-/Sozialgeographie, Paderborn 1982, S. 55 - 92.

Beirat für Raumordnung — Empfehlung "Zur Einschätzung der Hauptaufgabe der Raumordnungspolitik aufgrund der Raumordnungsprognose 1990" vom 28. Februar 1980. Schriftenreihe "Raumordnung" des BMBau, H.06047, Bonn 1981.

Beirat für Raumordnung — Gesellschaftliche Indikatoren für die Raumordnung - Empfehlungen vom 16. Juni 1976. Wieder abgedruckt in: "Gleichwertigkeit der Lebensverhältnisse - auch bei abnehmender Bevölkerungszahl", Materialien zum Siedlungs- und Wohnungswesen und zur Raumplanung, Bd. 25, Münster 1981, Anhang.

Beirat für Raumordnung — Selbstverantwortete regionale Entwicklung im Rahmen der Raumordnung. Empfehlung vom 18. März 1983, in: Informationen zur Raumentwicklung, H. 1/2, 1984, S. 187 - 194.

Bergmann, H. — Ausstattung und Bewertung der haushaltsorientierten Infrastruktur im Raum Stade. In: Nuhn, H.; Ossenbrügge, I.(Hrsg.): Wirtschafts- und sozialgeografische Beiträge zur Analyse der Regionalentwicklung und Planungsproblematik im Unterelberaum, Hamburg 1982, S. 139 - 180.

Birg, H. — Berechnungen zur langfristigen Bevölkerungsentwicklung in den 343 kreisfreien Städten und Landkreisen der Bundesrepublik Deutschland. In: Vjh. z. Wirtschaftsforschung, Berlin 49 (1980), H. 2, S. 267 - 275.

Birg, H. (Hrsg.) — Demographische Entwicklung und gesellschaftliche Planung. Forschungsberichte des Instituts für Bevölkerungsforschung und Sozialpolitik, Universität Bielefeld, Bd. 6, Frankfurt 1983.

Bischoff, H. — Simulation of daily household activity projects. In: Proceedings of the 1. European Simulation Congress 1983. Aachen 1984.

Blank, J.-Th. — Bevölkerungsentwicklung - Krise der Schulpolitik? In: Städte- und Gemeinderat 3/1981, S. 53 ff.

Bloch, A. — Tendenzen der Bevölkerungsentwicklung und Infrastrukturversorgung unter Berücksichtigung der Ziele für die Entwicklung der Siedlungsstruktur gem. LEP I/II. Schriftenreihe Landes- und Stadtentwicklungsforschung des Landes Nordrhein-Westfalen, Materialien, Bd. 4.020, Dortmund 1982.

Blotevogel, H. H. — Die Abgrenzung Ausgeglichener Funktionsräume - Methodische Fragen und ein Regionalisierungsvorschlag für Nordrhein-Westfalen. In: Funktionsräumliche Arbeitsteilung und Ausgeglichene Funktionsräume in Nordrhein-Westfalen. ARL: Forschungs- und Sitzungsberichte, Bd. 163, Hannover 1985, S. 13 - 50.

Bock, H. — Funktionelle Erfordernisse zentraler Einrichtungen als Bestimmungsgröße von Siedlungs- und Städteeinheiten in Abhängigkeit von Größenordnung und Zuordnung. Bonn - Bad Godesberg 1972.

Borchard, K. — Wohnen und wohngebietsnahe Infrastrukturausstattung - zum Einfluß veränderter Rahmenbedingungen auf den ländlichen Raum - Rahmenbedingungen - Konzepte - Strategien. Beiträge zu Städtebau und Bodenordnung, H. 2, Bonn 1978, S. 41 ff.

Brösse, U. — Qualitative und quantitative Anforderungen an die Infrastrukturausstattung Ausgeglichener Funktionsräume. In: Ausgeglichene Funktionsräume, Grundlagen für eine Regionalpolitik des mittleren Weges, Teil 2. ARL: Forschungs- und Sitzungsberichte, Bd. 116, Hannover 1975, S. 29 - 66.

Brösse, U. — Bevölkerungsrückgang und Umwelt. Ergebnisse von Langfristscenarien dargestellt am Bsp. der Region Aachen. ARL: Beiträge, Bd. 74, Hannover 1983.

Bundesforschungsanstalt für Landeskunde und Raumordnung (Hrsg.) — Themenheft: Umorientierung der Schulpolitik für den ländlichen Raum. Informationen zur Raumentwicklung, H. 9, 1981.

Bundesforschungsanstalt für Landeskunde und Raumordnung (Hrsg.) — Themenheft: Öffentlicher Personennahverkehr im ländlichen Raum. Informationen zur Raumentwicklung, H. 10, 1981.

Bundesforschungsanstalt für Landeskunde und Raumordnung (Hrsg.) — Themenheft: Räumliche Wirkungen neuer Medien. Informationen zur Raumentwicklung, H. 3, 1982.

Bundesforschungsanstalt für Landeskunde und Raumordnung (Hrsg.) — Themenheft: Langfristscenarienzur Raumentwicklung, Informationen zur Raumentwicklung, H. 8, 1982.

Bundesforschungsanstalt für Landeskunde und Raumordnung (Hrsg.) — Themenheft: Endogene Entwicklungsstrategien? Informationen zur Raumentwicklung, H. 1/2, 1984.

Bundesforschungsanstalt für Landeskunde und Raumordnung und Deutscher Landkreistag (Hrsg.) — Ziele und Wege zur Entwicklung dünn besiedelter ländlicher Regionen. Symposien-Arbeitspapiere, H. 10, Bonn 1983.

Bundesminister für Raumordnung, Bauwesen und Städtebau (Hrsg.) — Raumordnungsprogramm für die großräumige Entwicklung des Bundesgebietes (BROP). Schriftenreihe Raumordnung des BMBau, H. 06.002, Bonn 1975.

Bundesminister für Raumordnung, Bauwesen und Städtebau (Hrsg.) — Raumordnungsbericht 1982. Schriftenreihe Raumordnung des BMBau, H. 06.050, Bonn 1983.

Bundesminister für Verkehr (Hrsg.) — Das Nahverkehrsmodell Hohenlohekreis als Modellfall für den öffentlichen Personennahverkehr - ÖPNV - in der Fläche. Ein Zwischenbericht nach 2 Jahren Modellversuch, Schriftenreihe des BMV, Bonn 1982.

Burberg, P. H. — Erreichbarkeitsverhältnisse in ländlichen Räumen - Befund und Verbesserungsmöglichkeiten. In: Ländlicher Raum, Landwirtschaft und kirchliche Dienste auf dem Lande. Evangelischer Informationsdienst für Jugend- und Erwachsenenbildung auf dem Lande, Beiheft 2, Altenkirchen 1981, S. 43 ff.

Burberg, P. H. — Neue Organisationsformen der Infrastruktur für dünnbesiedelte ländliche Räume. In: Gleichwertigkeit der Lebensverhältnisse - auch bei abnehmender Bevölkerungszahl? Materialien zum Siedlungs- und Wohnungswesen und zur Raumplanung, Bd. 25, Münster 1981, S. 83 - 104.

Burberg, P. H. — Mobile Versorgung in dünnbesiedelten ländlichen Räumen. Institut für Landes- und Stadtentwicklungsforschung des Landes NRW, Kurzberichte zur Landes- und Stadtentwicklungsforschung, 4/82, Dortmund 1982.

Burns, C. D. — Transportation, temporal and spatial components of accessibility. Lexington and Toronto 1979.

Carlstein, T.; Parkes, D.; Thrift, N. (Hrsg.) — Human activity and time geography. Part 2: The Lundschool (= Timing space and spacing time, Vol. 2), London 1978, S. 115 - 263.

Cassing, G.; Küppers, G. — Koordinierte Planung sozialer Infrastruktur. Nutzungs- und Standortkombinationen in Gemeinschaftseinrichtungen, Dortmund 1970.

Christaller, W. — Die zentralen Orte in Süddeutschland. Eine ökonomisch-geographische Untersuchung über die Gesetzmäßigkeit der Verbreitung und Entwicklung der Siedlungen mit städtischen Funktionen. Jena 1930. Nachdruck Darmstadt 1968.

Deiters, J. — Nahverkehr in zentralörtlichen Bereichen des ländlichen Raumes. In: F. J. Kemper, H. D. Laux, G. Thieme (Hrsg.); Geographie als Sozialwissenschaft. Beiträge zu ausgewählten Problemen kulturgeographischer Forschung. Colloquium Geographicum, Bd. 18, Bonn 1985, S.303 -342.

Deiters, J. — Zur empirischen Überprüfbarkeit der Theorie der zentralen Orte. Fallstudie Westerwald 1978.

Deiters, J.; Meyer, M.; Seimetz, J. — Verkehrsverhalten im ländlichen Raum. Begleituntersuchung zum Modellversuch Integration der Schülerbeförderung in den ÖPNV, Landkreis Bernkastel-Wittlich/Rheinland-Pfalz, OSG-Materialien, Nr. 2, Osnabrück 1984.

Derenbach, R. — Der Schülerrückgang bei räumlicher Differenzierung. In: Der Landkreis, 12/1980, S. 729 - 732.

Deutscher Verband für Angewandte Geographie — Zentrale Orte und ihre Folgen - Anspruch und Wirklichkeit. Material zur Angewandten Geographie, Bd. 2, Hamburg 1979.

Dheus, E. — Veränderungen der demographischen Komponenten und ihre Auswirkungen auf die Städte. In: E. Elsner (Hrsg.): Demographische Planungsinformationen. Theorie und Praxis. Berlin 1979, S. 41 - 51.

Dietrichs, B. — Voraussetzungen und Bedingungen einer indikatorengeleiteten Raumordnungspolitik für Regionen. In: Gleichwertige Lebensverhältnisse durch eine Raumordnungspolitik des mittleren Weges. ARL: Forschungs- und Sitzungsberichte, Bd. 140, Hannover 1983, S. 257 - 283.

Dietrichs, B. — Die wissenschaftliche Diskussion über neue Raumordnungsstrategien. - Unter besonderer Berücksichtigung der Umsetzungsmöglichkeiten in die Praxis der Raumordnungspolitik. In: Ergänzung des landesplanerischen Zielsystems auf der Grundlage funktionaler Raumtypen. ILS-Schriftenreihe, Bd. 1033, Dortmund 1982, S. 12 - 15.

Dietrichs, B. — Alte und neue Konzeptionen in Raumordnung, Landesplanung und Regionalplanung. In: Innere Kolonisation, 29. Jg. 1980, H. 5, S. 162 - 164

Dürr, H. — Planungsbezogene Aktionsraumforschung - Theoretische Aspekte und eine empirische Pilotstudie. ARL-Beiträge, Bd. 34, Hannover 1979.

Eckerle, K. u. a. — Projektionen der Bevölkerungs- und Arbeitsmarktentwicklung in den Raumordnungsregionen 1978 - 1985. Prognose AG, Basel 1983.

Fiedler, J. — Öffentlicher Personennahverkehr - Angebot auch in Zeiten und Räumen schwacher Verkehrsnachfrage? Wuppertaler Hochschulreden, H. 6, Wuppertal 1976.

Forschungsstelle für den Handel — Die Versorgung mit Lebensmitteln in ländlichen Gebieten der Bundesrepublik Deutschland. (Selbstverlag), Berlin 1977.

Gatzweiler, H. P.; Schmalenbach, J. — Aktuelle Situation und Tendenzen der räumlichen Entwicklung im Bundesgebiet. In: Informationen zur Raumentwicklung, H. 11/12, Bonn 1981, S. 751 - 771.

Geißler, C. — Zehn Thesen zur Bildungspolitik im ländlichen Raum. In: Der Landkreis, 8-9/1980, S. 513 - 517.

Geißler, C. — Bevölkerungsentwicklung und schulische Infrastruktur. In: Regionale Aspekte der Bevölkerungsentwicklung unter den Bedingungen des Geburtenrückgangs, ARL: Forschungs- und Sitzungsberichte, Bd. 144, Hannover 1983, S. 203 - 251.

GEWOS (Gesellschaft für Wohnungs- und Siedlungswesen mbH Hamburg) — Bevölkerungs- und Arbeitsplatzabnahme in peripheren ländlichen Regionen - Konzepte und Maßnahmen einer stabilisierungsorientierten Entwicklungssteuerung. Literaturanalyse, Hamburg 1979.

GEWOS (Gesellschaft für Wohnungs- und Siedlungswesen mbH Hamburg) — Strategien für den ländlichen Raum - Wege zur Stabilisierung strukturschwacher ländlicher Gebiete. Dokumentation des fünften GEWOS-Fachgespräches vom 26. u. 27. Juni 1980, Hamburg 1980.

Göb, R. — Stadtentwicklung in den 80er Jahren. In: Structur 1982, 11. Jg., S. 11 - 18.

Hahne, U. — Endogenes Potential: Stand der Diskussion. In: Endogene Entwicklung - Theoretische Begründung und Strategiediskussion, ARL: Arbeitsmaterial, Nr. 76, Hannover 1984, S. 1 - 71.

Hahne, U. — Regionalentwicklung durch Aktivierung interregionaler Potentiale. Schriften des Instituts für Regionalforschung der Universität Kiel, Bd. 8, München 1985.

Hägerstrand, T. — Das Raum-Zeit-Modell und seine Verwendung bei der Bewertung von Verkehrssystemen. In: Der öffentliche Sektor, H. 2, 1976, S. 8 - 26.

Hartke, S. — Eigenständige Regionalentwicklung und endogene Entwicklungsstrategien in der Bundesrepublik. In: Endogene Entwicklung - Theoretische Begründung und Strategiediskussion. ARL: Arbeitsmaterial, Nr. 76, Hannover 1984, S. 73 - 100.

Hanser, C.; Huber, S. (Hrsg.) — Hat die traditionelle Infrastrukturförderung für periphere Regionen ausgedient? Thema-Band des NEP "Regionalprobleme des Schweizerischen Nationalfond", Programmleitung, Bern 1982.

Heidtmann, W. — Auswirkungen des Geburtenrückganges auf die infrastrukturelle Ausstattung ländlicher Räume. In: Geburtenrückgang - Konsequenzen für den ländlichen Raum, Schriftenreihe für ländliche Sozialfragen, 73, Hannover 1975, S. 58 - 72.

Heinze, G. W.; Herbst, D.; Schühle, U. — Verkehrsverhalten und verkehrsspezifische Ausstattungsniveaus in ländlichen Räumen. ARL: Abhandlungen, Bd. 78, Hannover 1980.

Heinze, G. W.; Herbst, D.; — Verkehr im ländlichen Raum. ARL: Abhandlungen, Bd. 82, Hannover 1982.

Henning, D. — Verbesserung der Verkehrsbedienung durch Zusammenfassung artverwandter Aufgaben der Versorgung und Erschließung. In: Rationelle Erschließung des ländlichen Raumes durch den öffentlichen Verkehr, Düsseldorf 1977, S. 29 - 37.

Hoberg, R. — Raumwirksamkeit neuer Kommunikationstechniken - Innovations- und diffusionstheoretische Überlegungen. In: Jahrbuch für Regionalwissenschaft. Hrsg. von der Gesellschaft für Regionalforschung, 4. Jg., Göttingen 1983, S. 5 - 38.

Hogeforster, J.; Lutzky, N. — Landesplanerische Konsequenzen veränderter Rahmenbedingungen. In: Raumforschung und Raumordnung, 39 (1981) 5 - 6, S. 217 - 224.

Hübler, K. H. — Chancen und Gefahren für die Entwicklung des ländlichen Raumes. In: Der Landkreis, H. 6, 1976, S. 216 ff.

Hübler, K. H. — Raumordnungskonzepte und ihr Realitätsbezug. In: Innere Kolonisation, 29. Jg., H. 5, 1980, S. 167 - 170.

Hübler, K. H. — Kritische Anmerkungen zur Konzeption Ausgeglichener Funktionsräume. In: Die Bedeutung Ausgeglichener Funktionsräume für das Zielsystem der Landesentwicklung. Dokumentation über eine Tagung am 8. Juli 1982 in Dortmund. Schriftenreihe Landes- und Stadtentwicklungsforschung des Landes NRW. Landesentwicklung, Bd. 1.038, Dortmund 1983, S. 22 - 26.

Hübler, K. H.; Scharmer, E.; Weichtmann, K.; Wirtz, S. — Zur Problematik der Herstellung gleichwertiger Lebensverhältnisse. ARL: Abhandlungen, Bd. 80, Hannover 1980.

Innere Kolonisation, Land und Gemeinde — Schwerpunktthema: Ziele der räumlichen Entwicklung im Bundesgebiet. 29. Jg.; H. 5, 1980.

Institut für Landes- und Stadtentwicklungsforschung des Landes NRW (Hrsg.) — Die Bedeutung Ausgeglichener Funktionsräume für das Zielsystem der Landentwicklung. Schriftenreihe Landesentwicklung, Bd. 1.038, Dortmund 1982.

Institut für Landes- und Stadtentwicklungsforschung des Landes NRW (Hrsg.) — Raumwirksamkeit neuer Technologien - Literaturübersicht. Schriftenreihe Landes- und Stadtentwicklungsforschung des Landes NRW, Materialien, Bd. 4.043, Dortmund 1985.

Jansen, P. G. — Bevölkerungsentwicklung und Infrastrukturplanung: Anpassungsstrategien. In: Innere Kolonisation - Land und Gemeinde, 27. Jg., 1978, H. 1, S. 27 - 29.

Jost, P. — Quantitative Auswirkungen des Geburtenrückgangs für den ländlichen Raum. Schriftenreihe für ländliche Sozialfragen, H. 73, Hannover 1975.

Kanzlerski, D. — Räumlich funktionale Verflechtungen und öffentliche Personennahverkehrsversorgung im ländlichen Raum: Probleme und Lösungsansätze. Diss. Bonn 1983.

Kaster, T.; Lammers, D. — Ausgewählte Materialien zur Zeitgeographie. Karlsruher Manuskripte zur mathematischen und theoretischen Wirtschafts- und Sozialgeographie, H. 35, Karlsruhe 1979.

Kentmann, K. — Nutzungsuntergrenzen der Infrastruktur in ländlichen Räumen. ARL: Beiträge, Bd. 39, Hannover 1980.

Klingbeil, D. — Aktionsräume im Verdichtungsraum. Zeitpotentiale und ihre Nutzung. Münchener Geographische Hefte 41, Regensburg 1978.

Klose, H. — Bevölkerungsentwicklung und ihre Auswirkungen auf die Infrastruktur im Landkreis Kassel. In: Zur Bedeutung rückläufiger Einwohnerzahlen für die Planung. ARL: Forschungs- und Sitzungsberichte, Bd. 122, Hannover 1978, S. 187 - 206.

Kluczka, G.; Betz, R.; Kühn, G. — Nutzung und Perspektiven privater und öffentlicher Infrastruktur in peripheren ländlichen Räumen. ARL: Beiträge, Bd. 50, Hannover 1981.

Koch, R. — Die langfristige regionale Bevölkerungsentwicklung in der Bundesrepublik Deutschland. In: Regionale Aspekte der Bevölkerungsentwicklung unter den Bedingungen des Geburtenrückgangs, Forschungs- und Sitzungsberichte, Bd. 144, Hannover 1983, S. 99 - 124.

Köhl, W.; Lammers, G. — Standorte und Flächenbedarf von öffentlichen Versorgungseinrichtungen. Manuskript für die Abschlußveranstaltung des Schwerpunktprogramms "Regionalforschung und Regionalpolitik" der Deutschen Forschungsgemeinschaft am 26.4.1979 in Bonn, Reutlingen/Karlsruhe 1979.

Kolck, R. — Nahversorgung durch Verkaufswagen in ländlichen Gebieten Niedersachsens: "Nostalgische Idylle" oder notwendige Alternative? In: Neues Archiv für Niedersachsen. Bd. 30, H. 4, 1981, S. 436 - 443.

Kommission für wirtschaftlichen und sozialen Wandel — Wirtschaftlicher und sozialer Wandel in der Bundesrepublik Deutschland, Göttingen 1977.

Kromrey, H. — Räumliche Wirkungen der Bildschirmtextnutzung durch private Haushalte. In: Information zur Raumentwicklung , H. 3, 1982, S. 233 - 243.

Länderarbeitskreis "Langfristige Bevölkerungsentwicklung" (Hrsg.) — Auswirkungen der langfristigen Bevölkerungsentwicklung. Zusammenfassende Darstellung und Wertung der Stellungnahmen der Fachministerkonferenzen der Länder zu den Auswirkungen der langfristigen Bevölkerungsentwicklung, o. O. 1982.

Leenen, W. R. — Die Bevölkerungsentwicklung aus der Sicht der Bundespolitik - Skeptische Anmerkungen zu einer aktuellen Diskussion. In: Innere Kolonisation - Land und Gemeinde 1/1979, S. 6 - 9.

Lenntorp, B. — Paths in space-time environments. A time-geographic study of movement possibilities of individuals. Lund 1976.

Lenntorp, B. — Das PESASP - Modell: Seine theoretische Grundlegung im Rahmen des zeitgeographischen Ansatzes und Anwendungsmöglichkeiten. In: Geographische Zeitschrift 67, 1979, S. 336 - 353.

Linder, W.; Maurer, U.; Resch, H. — Erzwungene Mobilität - Alternativen zur Raumordnung, Stadtentwicklung und Verkehrspolitik. Köln/Frankfurt/M. 1975.

Lossau, H. — Flächendeckende Infrastrukturversorgung bei zurückgehenden Einwohnerzahlen - Konsequenzen für landesplanerische Zielsysteme?In:Gleichwertigkeit der Lebensverhältnisse - auch bei abnehmender Bevölkerungszahl?, Materialien zum Siedlungs- und Wohnungswesen und zur Raumplanung, Bd. 25, Münster 1981, S. 117 - 140.

Malchus, Frhr. v., V. — Regionen in Nordrhein-Westfalen - strukturelle Entwicklungen in den Oberbereichen des Landes und die Abgrenzung von Planungsregionen. In: Funktionsräumliche Arbeitsteilung und Ausgeglichene Funktionsräume in Nordrhein-Westfalen. ARL: Forschungs- und Sitzungsberichte, Bd. 163, Hannover 1985, S. 51 - 72.

Malchus, Frhr. v., V. — Zur Versorgung der Bevölkerung in dünnbesiedelten Gebieten - Erfahrungen und Erkenntnisse aus dem skandinavischen Raum . In: Strukturgefährdete ländliche Räume. ARL: Forschungs- und Sitzungsberichte, Bd. 128, Hannover 1979, S. 47 - 72.

Markus, G. — Auswirkungen der Bevölkerungsentwicklung auf die Infrastrukturpolitik in Ballungsgebieten - am Beispiel Bremen. In: Regionale Aspekte der Bevölkerungsentwicklung unter den Bedingungen des Geburtenrückgangs. ARL: Forschungs- und Sitzungsberichte, Bd. 144, Hannover 1983, S. 253 - 272.

Marx, D. — Zur Konzeption Ausgeglichener Funktionsräume als Grundlage einer Regionalpolitik des mittleren Weges. In: Ausgeglichene Funktionsräume, Grundlagen für eine Regionalpolitik des mittleren Weges. ARL: Forschungs- und Sitzungsberichte, Bd. 94, Hannover 1975, S. 1 ff.

Miellke, B. — Systematische räumliche Unterschiede in der Versorgung mit bevölkerungsbezogenen öffentlichen Leistungen. In: Raumforschung und Raumordnung, 39. Jg., 1981, S. 117 - 123.

Minister für Wirtschaft, Mittelstand und Verkehr, Baden-Württemberg (Hrsg.) — Auswirkungen der Bevölkerungsentwicklung auf Wirtschafts- und Regionalstruktur. Vorträge gehalten auf dem Symposium der Landesregierung am 7. November 1979 in Stuttgart, Stuttgart 1980.

Ministerkonferenz für Raumordnung — Entschließung "Über den ländlichen Raum" vom 12. November 1979. In: Der Landkreis, H. 3,1980, S. 123 - 125.

Ministerkonferenz für Raumordnung — Zweite Stellungnahme zu den Auswirkungen eines langfristigen Bevölkerungsrückganges auf die Raumstruktur in der Bundesrepublik Deutschland. In: Informationen zur Raumentwicklung, H. 11/12, 1981, Anhang.

Ministerpräsident des Landes Nordrhein-Westfalen — Landesentwicklungsbericht Nordrhein-Westfalen 1982. Schriftenreihe des Ministerpräsidenten des Landes NRW, H. 45, Düsseldorf 1983.

Mrohs, E.; Zurek, E. C. — Entwicklung ländlicher Räume - Genese und Gestalt struktureller Ungleichgewichte. Schriftenreihe des Bundesministers für Ernährung, Landwirtschaft und Forsten. Reihe A: Landwirtschaft - Angewandte Wissenschaft, H. 297, Münster 1984.

Neidhardt, J.; Krautten, H. — Möglichkeiten zur Sanierung des öffentlichen Personennahverkehrs in verkehrsschwachen ländlichen Räumen. Abschlußbericht zum Forschungsauftrag des Bundesministers für Verkehr, Kommunalentwicklung Baden-Württemberg, September 1976, 2 Bände (als Manuskript vervielfältigt).

Petzner, E. — Versorgungsstruktur und -probleme im peripheren Raum - Das Beispiel Oberfranken. In: Der ländliche Raum in Bayern. Fallstudien zur Entwicklung unter veränderten Rahmenbedingungen. ARL: Forschungs- und Sitzungsberichte, Bd. 156, Hannover 1984, S. 1 - 16.

Priebs, A. — "Tante Emma" auf dem Lande. In: DVAG. Standort 2/85, S. 14 - 15.

Projektgruppe "Entwicklung ländlicher Räume" — Entwicklung ländlicher Räume. Schriftenreihe des Instituts für Kommunalwissenschaften, Bd. 2, Konrad-Adenauer-Stiftung, Bonn 1974.

Riemann, F. — Konsequenzen für den ländlichen Raum aus der rückläufigen Bevölkerungszahl. In: Raumforschung und Raumordnung 1975, H. 4, S. 163 - 168.

Rohr, v., H. G. — Bevölkerungsentwicklung und Infrastrukturversorgung in den 80er Jahren - Konsequenzen für die Siedlungsstruktur und die zentralörtliche Infrastruktur in Nordrhein-Westfalen. Schriftenreihe Landes- und Stadtentwicklungsforschung des Landes NRW, Landesentwicklung, Bd. 1.027, Dortmund 1981.

Sättler, M. u. a. — Entwicklungschancen ländlicher Räume. Verdichtungs- und Entleerungsprozesse unterschiedlich strukturierter Räume unter besonderer Berücksichtigung der Probleme ländlicher Räume. Schriftenreihe des Bundesministers für Ernährung, Landwirtschaft und Forsten. Reihe A: Landwirtschaft - Angewandte Wissenschaft, H. 247, Münster-Hiltrup 1981.

Schaffer, F.; Krezmar, v., H. — Der ländliche Raum - Entwicklungen, Raumordnungskonzepte, Zielkonflikte in der Planungspraxis. Vorträge und Materialien, 3. Fortbildungstagung für Landes- und Regionalplaner in Bayern in Landshut, 27./28. Nov. 1980, ARL-Arbeitsmaterial, Nr. 53, Hannover 1981.

Schild, G. — Planungsstrategien für den öffentlichen Personennahverkehr unter veränderten siedlungsstrukturellen und demographischen Rahmenbedingungen. Düsseldorf 1981.

Schräder, W. F.; Volkholz, V. (Hrsg.) — Regionale Analyse der medizinischen Versorgung. Schriftenreihe Strukturforschung im Gesundheitswesen, Bd. 2, Berlin 1977.

Schramm, W.; Wortmann, W.; Mair, G. — Infrastrukturversorgung im ländlichen Raum - Analysen zu normativen Betriebsgrößen und Erreichbarkeitsbedingungen in Gebieten mit geringer Bevölkerungsdichte. ARL: Beiträge, Bd. 53, Hannover 1981.

Schramm, W. — Geburtenrückgang und Regionalentwicklung. In: Regionale Aspekte der Bevölkerungsentwicklung unter den Bedingungen des Geburtenrückganges. ARL: Forschungs- und Sitzungsberichte, Bd. 144, Hannover 1983, S. 183 - 202.

Schulz-Trieglaff, M. — Neue Akzente in der Raumordnungspolitik. In: Bundesbaublatt 1/1982, S. 18 - 20.

Schulz-Trieglaff, M. — Verkehrserschließung im ländlichen Raum durch den öffentlichen Personennahverkehr. In: Bundesbaublatt, H. 3, 1985, S. 126 - 129.

Schwartz, W. — Bevölkerungsbezogene Aspekte der raumordnungspolitischen Diskussion im Spiegel parlamentarischer Debatten. In: Regionale Aspekte der Bevölkerungsentwicklung unter den Bedingungen des Geburtenrückganges. ARL: Forschungs- und Sitzungsberichte, Bd. 144, Hannover 1983, S. 125 - 158.

Seiters, J. — Möglichkeiten zur Anpassung der Landesgesetze an die Erfordernisse wohnnaher Schulversorgung. In: Der Landkreis, 51 (1981), S. 220 - 228.

Selke, W. — Geburtenrückgang und raumordnungspolitische Konsequenzen für den ländlichen Raum. In: Zeitschrift für Bevölkerungswissenschaft, H. 1, 1980, S. 25 - 37.

Sinkwitz, P. — Auswirkungen des Geburtenrückgangs auf Familie, Nachbarschaft und das Zusammenleben im ländlichen Raum. In: Geburtenrückgang - Konsequenzen für den ländlichen Raum, Schriftenreihe für ländliche Sozialfragen 73, Hannover 1975, S. 48 - 57.

Sinz, M. — Bevölkerungsrückgang ohne regionale Folgen? In: Informationen zur Raumentwicklung, H. 11/12, Bonn 1981, S. 773 - 795.

Sozialforschung BRÖG — Kontinuierliche Erhebung zum Verkehrsverhalten (KONTIV). Endberichte 1975, 1976, 1977, München.

Spiegel, E. — Verdichten und Verdünnen: Infrastrukturplanung bei Bevölkerungsrückgang. In: transfer, Stadtforschung und Stadtplanung 3, Opladen 1977, S. 39 - 49.

Stark, I. — Infrastrukturelle Entwicklung und ihre Bestimmungsgründe, dargestellt am Beispiel von zehn Dörfern in der Bundesrepublik Deutschland. Dissertation, Bonn 1975.

Stengel, W. — Möglichkeiten zur Verbesserung der ÖPNV-Bedienung in Räumen und Zeiten schwacher Verkehrsnachfrage. In: Beiträge zur Verkehrs- und Stadtplanung, zum 60. Geb. von K. Schaechterle, Schriftenreihe des Instituts für Verkehrsplanung und Verkehrswesen der TU München, H. 17, Bad Honnef 1981, S. 255 - 282.

Stiens, G.	Alternative Beurteilung der großräumigen Bevölkerungsentwicklung. In: Deutsche Akademie für Städtebau und Landesplanung (Hrsg.): Bevölkerungsabnahme und räumliche Auswirkungen. Berlin 1979, S. 100 - 124.
Stiens, G.	Veränderungen der Handlungs- statt der Zielkonzepte der Raumordnung. In: Innere Kolonisation, 29. Jg., 1980, H. 5, S. 18 ff.
Stiens, G.	Stoßrichtungen für die Regionalpolitik der achtziger Jahre. In: Hanser, C.; Huber, S. (Hrsg.): Hat die traditionelle Infrastrukturförderung für periphere Regionen ausgedient? Thema-Band des NEP "Regionalprobleme des Schweizerischen Nationalfond", Programmleitung, Bern 1982, S. 205 - 227.
Stiens, G.	Neue Ansatzpunkte für eine ausgleichsorientierte Infrastrukturpolitik. In: Gleichwertige Lebensbedingungen durch eine Raumordnungspolitik des mittleren Weges - Indikatoren, Potentiale, Instrumente. ARL: Forschungs- und Sitzungsberichte, Bd. 140, Hannover 1983, S. 243 - 256.
Stiens, G.	Räumlicher Wandel unter den Rahmenbedingungen rückläufiger Geburtenzahlen. In: Regionale Aspekte der Bevölkerungsentwicklung unter den Bedingungen des Geburtenrückgangs. ARL: Forschungs- und Sitzungsberichte, Bd. 144, Hannover 1983, S. 87 - 98.
Stiens, G.; Türke, K.	Infrastruktur und Kommunikationsstrukturen als Ansatzpunkte regional angepaßter Entwicklungsstrategien. Über den Einsatz neuer Organisationsformen und Techniken in wenig dicht besiedelten Regionen. In: Informationen zur Raumentwicklung, H. 1/2 1984, S. 129 - 142.
Storbeck, D.; Lücke, M.	Die gesellschaftliche Relevanz regionalpolitischer Ziele. In: Ausgeglichene Funktionsräume. Grundlagen einer Regionalpolitik des mittleren Weges, Teil 1. ARL: Forschungs- und Sitzungsberichte, Bd. 94, Hannover 1975, S. 19 - 62.
Sträter, D.	Die Planungskonzeption der großräumigen Vorrangfunktionen. IMU - Institut München, Studien 1, München 1983.
Sträter, D.	Disparitätenförderung durch endogene Entwicklungsstrategien? In: Raumforschung und Raumordnung. 42. Jg., H. 4 - 5, 1984, S. 238 - 246.

Theuer, G. Nahversorgung: Problem und Lösungsansatz durch ambulante Verkehrssysteme. In: Der Markt, Nr. 61, 1977, S. 1 - 10.

Thoss, R. Zurück zur passiven Sanierung? In: Innere Kolonisation. 29. Jg., H. 5, 1980, S. 179 - 185.

Thoss, R. Bevölkerungsrückgang und Verwaltungsaufgaben - werden in Zukunft öffentliche Einrichtungen leerstehen? In: Gleichwertigkeit der Lebensverhältnisse - auch bei abnehmender Bevölkerungszahl? Materialien zum Siedlungs- und Wohnungswesen und zur Raumplanung, Bd. 25, Münster, 1981, S. 73 - 82.

Thoss, R. Großräumige Funktionszuweisungen und Ausgeglichene Funktionsräume. In: Strategie des regionalen Ausgleichs und der großräumigen Arbeitsteilung. ARL: Beiträge, Bd. 57, Hannover 1981, S. 13 - 34.

Thoss, R. Potentialfaktoren als Chance selbstverantworteter Entwicklung der Regionen. In: Informationen zur Raumentwicklung, H. 1/2 1984, S. 21 ff.

Thoss, R. Das regionale Entwicklungspotential als Ansatzpunkt für die Koordinierung von Raumordnungs-, Struktur- und Umweltpolitik. In: Probleme der Ordnungs- und Strukturpolitik, Festschrift zum 60. Geburtstag von H. St. Seidenfus, Münster 1984, S. 234 ff.

Thoss, R.; Michels, W. Räumliche Unterschiede der Lebensbedingungen in Nordrhein-Westfalen anhand von Indikatoren des Beirats für Raumordnung. In: Funktionsräumliche Arbeitsteilung und Ausgeglichene Funktionsräume in Nordrhein-Westfalen. ARL: Forschungs- und Sitzungsberichte, Bd. 163, Hannover 1985, S. 73 - 98.

Treuner, P. Strategien für den ländlichen Raum - Problemfelder und Lösungsansätze aus der Sicht der Landesplanung. In: Strategien für den ländlichen Raum, Wege zur Stabilisierung ländlicher Gebiete (GEWOS Schriftenreihe, Neue Folge 33), Hamburg 1979, S. 37 - 45.

Treuner, P. Instrumentelle Aspekte einer Neuorientierung der Raumordnungspolitik. In: Gleichwertige Lebensbedingungen durch die Raumordnungspolitik des mittleren Weges. ARL: Forschungs- und Sitzungsberichte, Bd. 140, Hannover 1983, S. 227 - 238.

Tüllmann, H. — Versorgungsqualität in wahlfreien Infrastrukturbereichen. Interdisziplinäre Systemforschung 77, Köln 1982.

Türke, K. — Zum Stand der Diskussion über die räumlichen Wirkungen neuer Medien. In: der Landkreis, H. 8 - 9, 1983, S. 455 - 460.

Uhlmann, J. — Strategien zur Stabilisierung der Lebenssituation in ländlichen Peripherregionen. In: Strategien für den ländlichen Raum, Wege zur Stabilisierung strukturschwacher ländlicher Gebiete, Dokumentation des 5. GEWOS-Fachgespräches vom 26./27. Juni 1980, GEWOS-Schriftenreihe, Neue Folge 33, Hamburg 1980, S. 46 - 56.

Uhlmann, J. u. a. — Konzepte und Maßnahmen einer stabilisierungsorientierten Entwicklungssteuerung für periphere Räume in der Bundesrepublik Deutschland - Fallstudien Tirschenreuth und Daun. In: Wege zur Stabilisierung ländlicher Räume, Bevölkerung, Arbeitsplätze, Infrastruktur und Versorgung. Schriftenreihe des Bundesministers für Ernährung, Landwirtschaft und Forsten. Reihe A: Landwirtschaft - Angewandte Wissenschaft, H. 268, Münster-Hiltrup 1982, S. 5 - 192.

Wagener, F. — Neubau der Verwaltung. Berlin 1969.

Weishaupt, H. — Auswirkungen des Geburtenrückgangs auf die Schulversorgung im ländlichen Raum. In: Innere Kolonisation - Land und Gemeinde, 2/1981, S. 42 ff.

Wirtschafts- und sozialwissenschaftliche Gesellschaft Trier e. V. (Hrsg.) — Regionalpolitik 2000 - Probleme, Ziele, Instrumente. Ergebnisse eines Symposiums. Schriftenreihe der Wirtschafts- und sozialwissenschaftlichen Gesellschaft Trier e.V., i.H. 4, Trier 1984.

Wissenschaftlicher Beirat beim Bundesminister für Wirtschaft — Wirtschaftspolitische Implikationen eines Bevölkerungsrückganges. Gutachten, Studienreihe des BMWI, 28, Göttingen 1980.

Zimmermann, H. — Regionale Präferenzen - Wohnortorientierung und Mobilitätsbereitschaft der Arbeitnehmer als Determinanten der Regionalpolitik. Bonn 1973.